Nancy Fraser

낸시 프레이저 / 이현재

<컴북스이론총서>는

현대를 호흡하는 사상가들을 소개합니다.

단순한 사상의 축약, 해제가 아닙니다.

해당 사상가를 연구해 온 전문가가 직접

사상가의 핵심 키워드 10개를 뽑아 해설하고 비평합니다.

인간과 비인간, 현실과 가상, 문화와 야만의

경계를 넘나드는 모든 사상을 싣겠습니다.

오늘을 살아가는 모든 이의 나침반이 되겠습니다.

컴북스이론총서

낸시 프레이저

이현재

대한민국, 서울, 커뮤니케이션북스, 2025

낸시 프레이저

지은이 이현재
펴낸이 박영률

초판 1쇄 펴낸날 2025년 7월 14일

커뮤니케이션북스(주)
출판 등록 제313-2007-000166호(2007년 8월 17일)
02880 서울시 성북구 성북로 5-11
전화 (02) 7474 001, 팩스 (02) 736 5047
commbooks@commbooks.com
www.commbooks.com

ISBN 979-11-430-0722-3 04300

책값은 뒤표지에 표시되어 있습니다.

낸시 프레이저와 비판이론

> 내 생각에, 비판이론에 대해 '시대의 투쟁과 소망에 대한 자기해명'이라고 정의한 1843년의 마르크스보다 더 나은 정의를 내놓은 이론가는 아직 없다.… 비판이론은 서로 대립적인 사회운동의 목적과 활동을 당파적인(그러나 무비판적이지는 않은) 인식 아래 살펴봄으로써 연구 프로그램과 그 개념 구조에 프레임을 부여한다.(Fraser, 2017a: 35)

낸시 프레이저(Nancy Fraser, 1947~)의 사상은 비판이론으로 수렴된다. 프레이저는 1980년 뉴욕시립대학교에서 철학 박사 학위를 받았고, 노스웨스턴대학교 철학과에서 오랫동안 사회·정치철학을 가르쳤다. 독일, 프랑스, 스페인, 네덜란드 등에서 방문 교수를 지냈다. 프레이저는 단순한 사회철학자가 아니라 끊임없이 비판의 목소리를 내고 있는 참여적 지식인이다. 젠더평등 관련 이슈뿐 아니라 분배정의 관련 사회운동에 규범적 지향점을 제시해 왔으며, 최근에는 이스라엘의 팔레스타인 집단 학살을 비판하는 서명과 연대했다는 이유로 독일 쾰른대학교 방문 교수 자격을 박탈당했다.

프랑크푸르트학파와의 교류

프레이저의 학문에 가장 큰 영향을 미친 것은 프랑크푸르트학파의 비판이론이다. 비판이론의 산실이었던 프랑크푸르트 사회연구소의 멤버들은 1933년 나치의 유대인 박해를 피해 뉴욕으로 가서 뉴스쿨 사회연구소를 만들었다. 이를 전신으로 현재 프레이저가 재직하는 뉴욕 뉴스쿨(The New School for Social Research in New York)이 만들어졌다. 프레이저는 뉴욕 뉴스쿨에서 프랑크푸르트 사회연구소의 연구자들과 꾸준히 교류하면서 자신의 비판이론을 심화해 왔다.

그렇다면 비판이론이란 무엇인가? 프랑크푸르트 사회연구소의 초대 소장이었던 막스 호르크하이머(Max Horkheimer)는 전통이론과 비판이론을 구분한다. 호르크하이머에 따르면 전통이론은 사회를 객관적·인과적으로 서술하고 이에 근거해 새로운 현상을 예측하는 데 중점을 두는 반면, 비판이론은 사회를 비판적 관점에서 바라보면서 사회 변혁의 규범적 방향을 제안하려 한다(Horkheimer, 1992; 문성훈, 2010). 역사적으로 볼 때 프랑크푸르트학파의 비판이론은 카를 마르크스(Karl Marx)의 역사적 유물론에서 비롯했지만, 현대 사회의 모순을 파악할 때 경제에 의해 결정되지 않는 정치, 문화, 심리, 이성의 자율성도 함께 고려해야 한다고 강조했다(반 라이엔, 2000). 이러한 포괄적 관점하에 프랑크푸르트학파는 전체주의, 자본주의, 이성의 도구화 등을 비판하는 이론을 전개해 나간다.

프레이저는 이에 영향을 받아 학문 여정 초기부터 도구적 합리성 비판에 기반을 둔 위르겐 하버마스(Jürgen Habermas)의 의사소통 이론과 욕망·권력 분석을 중심한 미셸 푸코(Michel Foucault)의 계보학을 다룬다. 이러한 관심사는 ≪제멋대로의 실천들: 현대 사회 이론에서 권력, 담론, 젠더(Unruly Practices: Power, Discourse and Gender in Contemporary Social Theory)≫(1989)에 잘 나타나 있다. 이후 프레이저는 새롭게 나타난 민족의 독립 운동, 페미니즘 운동, 인종차별 철폐 운동 등 하버마스가 '신사회 운동'이라고 부른 흐름을 주목하고 게오르크 헤겔(Georg Hegel)의 인정 개념을 통해 독해한다.

프레이저는 자신만의 "당파적인" 관점에서 비판이론의 틀을 비판한다. 특히 페미니즘 관점은 기존 비판이론의 틀을 확장하고 재구성하는 데 핵심적인 역할을 수행한다. 프레이저의 비판이론은 권력을 갖지 못한 여성들의 관점에서 수행되는 사회주의 페미니즘 그리고 에코페미니즘의 생태적 사유를 흡수하면서 확장된다. 이런 맥락에서 프레이저의 비판이론은 “비판이론에 대한 비판”(Fraser, 2017a: 35)이다.

비판이론에 대한 프레이저의 비판은 무엇보다 사회주의 페미니즘의 관점과 방법론에 토대를 둔다. 프레이저에 따르면 여성들은 지금까지 가난에 시달려 왔기에 경제적 불평등을 탈피하는 것은 페미니즘에 매우 중요한 문제다. 그런데 마르크스주의 페미니즘은 여성의 문제를 경제적 계급의 문제로만 환원해 왔다. 하지만 여성은 같은 계급의 남성과는 다른 문화적 모순에 놓여 있다. 부르주아 계급의 여성은 같은 계급의 남성과 달리 성적 대상화에 시달린다. 노동자 계급의 여성은 노동자 계급의 남성에 의해 가내에서 착취당한다. 따라서 사회주의 페미니즘은 여성이라는 집단이 교차적으로 겪는 두 가지 문제, 즉 경제적 문제와 문화적 무시를 모두 고려해야 한다고 본다. 프레이저는 사회주의 페미니즘의 교차성 관점에서 여성이라는 젠더를 잘못된 분배와 문화적 무시 양자로 인해 고통받는 이가적 집단(bivalent collectivities)으로 규정한다. 아울러 젠더 모순은 경제적 재분배와 문화적 인정을 위한 개선책을 함께 고려할 때야 비로소 풀릴 수 있다고 주장한다.

비판적 정의론

당파적 관점에서 재구성되는 프레이저의 비판이론은 한편으로는 비판적 정의론으로, 다른 한편으로는 돌봄 이론으로 전개된다. 그중 비판적 정의론은 인정투쟁만을 중심으로 현대 사회 이론을 구성하는 이론가들을 비판하는 가운데 이루어지며, 돌봄 이론은 경제적 계급과 관련해서만 자본주의를 비판하는 마르크스주의자들을 논박하는 가운데 발전한다.

먼저 비판적 정의론을 살펴보자. 프레이저는 사회주의 페미니즘의 교차성 관점에서 '포스트사회주의' 시대에 요구되는 비판적 정의론을 구성한다. 프레이저의 진단에 따르면 소비에트 사회주의 공화국 연방(소련)의 몰락과 함께 분배투쟁이 사라지고 인정투쟁이 모든 사회운동의 의제를 잠식한 포스트사회주의 시대에도 경제적 양극화 문제는 더욱 악화하고 있다. 여기서 분배는 인정이라는 규범으로 환원될 수 없는 독자적 측면을 갖는다. 문화적 무시를 시정한다고 해서 잘못된 분배로 인한 모순이 사라지는 것은 아니다. 이런 맥락에서 프레이저는 정의 문제가 인정과 분배라는 두 축을 모두 고려하는 가운데 논의되어야 한다고 강조한다.

그러나 인정과 분배를 함께 고려하는 운동은 딜레마에 봉착한다. 인정 운동은 집단 정체성을 전제하고 유지하는 방향으로 나아가는 반면, 재분배 운동은 계급과 같은 집단 정체성을 해체하는 방향으로 나아가기 때문이다. 이에 프레이저는 인정 운동을 정체성을 유지하기 위한 운동이 아니라 집단 정체성의 구분 자체를 해체하는 변혁적 운동으로 재구성할 때 이 딜레마를 해결할 수 있다고 주장한다. 이렇듯 프레이저가 사회주의 페미니즘의 교차성 관점을 통해 비판이론을 변혁적·이차원적 정의론으로 발전시키는 과정은 인정투쟁 이론가 악셀 호네트(Axel Honneth)와의 논쟁이 담긴 ≪분배냐, 인정이냐?: 정치철학적 논쟁(Redistribution or Recognition?: A Political-Philosophical Exchange)≫(2003/2014)에서 분명하게 나타난다.

프레이저의 비판적 정의론은 여기서 더 나아간다. 지구화(globalization) 시대에 여성들이 경제적 빈곤이나 문화적 무시뿐 아니라 정치적 배제를 겪고 있음을 발견했기 때문이다. 프레이저는 ≪지구화 시대의 정의: 정치적 공간에 대한 새로운 상상(Scales of Justice: Reimagining Political Space in a Globalizing World)≫(2008b/2010)에서 오늘날 여성들이 일국의 차원에서는 다루기 힘든 정치적 배제 문제를 마주하고 있다고 봤다. 예컨대 이주 여성은 거주하는 국가의 시민권을 갖지 못한 탓에 경제적·문화적 지위 향상을 위한 의사결정 과정에서 배제되는 경우가 많다. 따라서 프레이저는 지구화 시대의 비판적 정의론이 경제적 분배나 문화적 인정뿐 아니라 정치적 대표 문제 또한 숙고해야 한다고 강조한다. 즉 지구화 시대에 소수자 집단을 위한 정의는 일국의 차원을 넘어서는 정치적 지위, 포스트베스트팔렌적 참여 동등까지 고려해야 한다는 것이다. 이로써 프레이저의 비판적 정의론은 이차원에서 삼차원으로 확장된다.

프레이저의 비판적 정의론은 단순히 정치적인 것의 차원을 하나 더 추가하는 데 그치지 않는다. 정치적 참여 동등을 분배와 인정의 궁극적 지향점으로 삼기 때문이다. 다시 말해 프레이저는 정당한 분배와 문화적 인정 그리고 정치적 대표성의 실현을 실질적인 참여 동등의 지위를 보장하기 위한 조건으로 설명한다. 이런 맥락에서 프레이저의 비판적 정의론은 민주주의적 참여를 위한 동등한 지위를 획득하는 문제에 초점을 맞춘다. 프레이저의 민주주의적 정의론은 집단 정체성을 긍정하고 강화하는 인정 모델에 따르는 것이 아니라 특정한 집단 정체성을 갖는다는 이유로 경제적·문화적·정치적으로 부당한 대우를 받은 사람들의 동등한 지위를 복원하는 지위 모델에 따른다. 이러한 사상사적 궤적을 자세히 살펴보려 한다면 프레이저의 정의론과 관련해 벌어진 논쟁을 주제별로 엮어 출판한 저서 ≪불평등과 모욕을 넘어: 낸시 프레이저의 비판적 정의론과 논쟁들(Adding Insult to Injury: Nancy Fraser Debates Her Critics)≫(2008a/2016)이 도움이 될 것이다.

돌봄 이론

국내에서 프레이저의 이론은 주로 비판적 정의론을 중심으로 논의되어 왔다. 정치철학적 관심을 지닌 비판이론가들은 사회 정의 문제에서 중시되어야 하는 것이 분배인지 아니면 인정인지 논의했고, 현대 자본주의 사회의 모순을 파악할 때 경제적인 것과 문화적인 것, 더 나아가 정치적인 것의 관계를 어떻게 설정할지 논의했다. 그런데 프레이저는 재생산과 돌봄이라는 키워드를 중심으로 자본주의 사회 비판이라는 또 다른 축의 논의를 전개한다.

초기 저서인 ≪제멋대로의 실천들≫에서 프레이저는 자본주의 사회를 돌봄과 관련해 비판적으로 분석했다. ≪전진하는 페미니즘: 여성주의 상상력, 반란과 반전의 역사(Fortunes of Feminism: From State-Managed Capitalism to Neoliberal Crisis)≫(2013/2017a)에서는 미국의 근현대 자본주의 사회에서 재생산과 관련해 돌봄 정책이 어떻게 변해 왔는지 등을 본격적으로 분석했다. 2016년 ≪뉴 레프트 리뷰(New Left Review)≫에 실린 논문 "자본과 돌봄의 모순(Contradictions of Capital and Care)"(2016/2017b)에서는 자본주의가 어떻게 각각의 위기 국면에서 생산의 위기뿐 아니라 사회적 재생산의 위기를 가져왔는지 보여 주었다. '보편적 돌봄 제공자(universal caregiver)'라는 프레이저의 새로운 정책 모델은 생태-사회주의 실현을 위한 "페미니즘 선언"이나 더 케어 컬렉티브(The Care Collective)의 "돌봄 선언" 등을 비롯해 유럽 페미니즘 운동에 계승되었다(프레이저 외, 2020; 더 케어 컬렉티브, 2021). 하지만 국내에서 프레이저의 돌봄 전환론은 최근 ≪좌파의 길: 식인 자본주의에 반대한다(Cannibal Capitalism: How our System is Devouring Democracy, Care, and the Planet - and What We Can Do About It)≫(2022/2023)가 출간되고 나서야 활발하게 논의되기 시작했다.

프레이저는 자본주의를 비판할 때도 사회주의 페미니즘의 교차성 관점을 철저하게 밀고 나간다. 즉 여성이라는 집단의 경험을 중심으로 자본주의 비판에서 경시되었던 재생산과 돌봄의 의미를 재구성한다. 가령 프레이저는 마르크스주의의 자본주의 비판이 자본주의를 경제 체제로 좁게 이해한다고 지적하면서, 자본주의를 경제적인 것과 비경제적인 것이 한데 얽혀 있는 '사회'로 이해할 필요가 있다고 주장한다. 이로써 자본주의 사회의 위기는 단순한 경제적 위기가 아니라 사회적·생태적 재생산의 위기 즉 돌봄의 위기로도 파악된다.

흥미로운 것은 프레이저가 비판적 정의론에서와 달리 돌봄 이론에서 사회주의 페미니즘의 지평을 에코페미니즘으로 넓힌다는 점이다. 가령 프레이저는 제국주의적 자본주의에 의한 식민 정치가 원주민 여성의 자립적 삶의 터전을 박탈했을 뿐 아니라 그들의 자연까지 수탈했음에 주목하면서 자본주의 사회 비판의 영역을 정치적 관계, 더 나아가 인간-비인간 관계로까지 확장한다. 즉 사회주의 페미니즘의 관점을 에코페미니즘으로 확장하는 가운데 사회 비판 이론에 사회적·생태적 돌봄에 대한 논의를 추가한다.

이 책의 구성

이 책은 비판적 정의론과 돌봄 이론이라는 두 축을 중심으로 전개되는 프레이저의 비판이론을 열 가지 키워드로 소개한다. "포스트사회주의 시대의 사회운동", "분배냐 인정이냐", "변혁적 개선책", "정치적 대표 가능성", "지위 모델"이라는 키워드들은 프레이저의 비판적 정의론을 설명한다. 프레이저의 돌봄 이론은 "자본과 돌봄의 모순", "의존의 재구성", "보편적 돌봄 제공자 모델과 돌봄 전환", "식인 자본주의와 전환의 정치", "99퍼센트 페미니즘 선언"과 같은 키워드들을 중심으로 정리한다.

이로써 필자는 집단 정체성을 전제하는 정체성 모델(identity model)에서 개인의 동등한 지위를 강조하는 지위 모델(status model)로의 전환이 프레이저가 제시하는 비판적 정의론의 핵심임을 분명히 보여 주려 했다. 즉 프레이저에 따르면 여성들은 잘못된 분배, 문화적 무시, 정치적 배제라는 삼차원적 부정의에 시달리고 있다. 이 부정의를 딜레마 없이 포괄적으로 해결하려면 집단 구분을 유지하는 대신 해체하는 변혁적 방향으로 나아가야 한다. 변혁적 개선책은 집단 정체성을 인정하는 정체성 모델이 참여 동등의 지위를 인정하는 지위 모델로 전환될 때 마련될 수 있다.

더 나아가 필자는 돌봄 전환이 프레이저가 수행하는 자본주의 비판의 핵심임을 보여 주려 했다. 프레이저에 따르면 자본주의 사회의 생산노동은 항상 돌봄이라는 의존 관계를 통해 창출된다. 따라서 이윤 추구를 극도로 밀어붙이는 자본주의 사회는 주기적으로 돌봄의 위기를 초래할 수밖에 없다. 스스로 돌봄의 위기를 초래하는 자본주의는 살기 위해 자신의 꼬리를 먹는 식인 자본주의다. 이를 극복하려면 사회적·생태적 돌봄을 삶에 필요한 긍정적 의존 관계로 회복시켜야 한다. 이는 모든 사람이 독립적 생계 부양자가 아니라 돌봄 제공자가 되는 전환의 정치를 통해 가능하다.

프레이저의 비판적 정의론과 돌봄 이론은 페미니즘의 관점에서 시작하지만 99퍼센트를 위한 실천으로 나아간다. 99퍼센트의 인간을 위한 정의는 페미니즘 교차성의 관점에서 경제, 문화, 정치, 생태 등 다층적 차원의 억압을 변혁적으로 개선하기 위해 정책을 마련하고 실천할 때 가능하다. 페미니즘의 실천 속에서 여성들은 다른 억압에 시달리는 소수자들과 연대하며, 이로써 궁극적으로 모두를 위한 페미니즘을 실현한다. 실천 과정에서 여성들은 집단 정체성을 고수하기보다 집단 구분에 따른 위계를 해체하는 방향으로 나아간다. 다시 말해 여성들은 계급을 해체해 불평등한 분배를 해결하려는 운동, 성역할 구분을 해체해 여성혐오적 문화를 타파하려는 운동, 식민/피식민의 구분을 해체하려는 탈식민주의 운동, 인간중심주의를 해체해 생태 수탈에 저항하려는 운동과 연대하게 된다.

필자는 이러한 프레이저의 이론이 정체성의 경계가 강화되는 시대에 정의와 돌봄을 위한 연대의 실천이 어떻게 이루어져야 하는지에 대해 중요한 시사점을 제시한다고 생각한다.

참고문헌

냰시 프레이저·친지아 아루짜·티티 바타차리야 지음, 박지니 옮김(2020). ≪99% 페미니즘 선언≫. 움직씨.

더 케어 컬렉티브 지음, 정소영 옮김(2021). ≪돌봄 선언: 상호의존의 정치학≫. 니케북스.

문성훈(2010). "호르크하이머: 자유와 이성의 실현을 위한 사회 비판". 연구 모임 사회 비판과 대안. ≪프랑크푸르트 학파의 테제들≫, 15-40쪽. 옹기장이.

빌렘 반 라이엔 지음, 이상화 옮김(2000). ≪비판으로서의 철학≫. 서광사.

이현재(2014). "여성 빈곤의 세 가지 측면: 문화적, 정치적, 경제적 빈곤-낸시 프레이저의 정의론을 중심으로". ≪한국여성철학≫, 21, 39-66쪽.

이현재(2024). "낸시 프레이저의 돌봄 전환적 비판이론의 의미와 한계: '인륜성의 생성과정'과 '공동체 경제'로서의 돌봄을 향하여". ≪마르크스주의 연구≫, 21(3), 34-62쪽.

Fraser, N.(2008a). *Adding Insult to Injury: Nancy Fraser Debates Her Critics.* Olson, K.(ed.). London: Verso. 문현아·박건·이현재 옮김(2016). ≪불평등과 모욕을 넘어: 낸시 프레이저의 비판적 정의론과 논쟁들≫. 그린비.

Fraser, N.(2008b). *Scales of Justice: Reimagining Political Space in a Globalizing World.* Oxford: Polity Press. 김원식 옮김(2010). ≪지구화 시대의 정의: 정치적 공간에 대한 새로운 상상≫. 그린비.

Fraser, N.(2013). *Fortunes of Feminism: From State-Managed Capitalism to Neoliberal Crisis.* London: Verso. 임옥희 옮김(2017a). ≪전진하는 페미니즘: 여성주의 상상력, 반란과 반전의 역사≫. 돌베개.

Fraser, N.(2016). Contradictions of Capital and Care. *New Left Review*. 문현아 옮김(2017b). "자본과 돌봄의 모순". ≪창작과 비평≫, 45(1), 329-353쪽.

Fraser, N.(2022). *Cannibal Capitalism: How our System is Devouring Democracy, Care, and the Planet - and What We Can Do About It*. London: Verso. 장석준 옮김(2023). ≪좌파의 길: 식인 자본주의에 반대한다≫. 서해문집.

Fraser, N. & Honneth, A.(2003). *Redistribution or Recognition?: A Political-Philosophical Exchange*. London: Verso. 김원식·문성훈 옮김(2014). ≪분배냐, 인정이냐?: 정치철학적 논쟁≫. 사월의책.

Horkheimer, M.(1992). Traditionelle und kritische Theorie(1937). *Traditionelle und Kritische Theorie: Fünf Aufsätze*. Frankfurt am Main: Fischer Wissenschaft.

차례

일러두기

- 인명, 작품명, 저서명, 개념어 등은 한글과 함께 괄호 안에 해당 국가의 원어를 병기했습니다.
- 외래어 표기는 현행 어문규정의 외래어표기법을 따랐습니다.
- 국문 번역서가 있는 저작들은 본문에서 번역서의 제목으로 표기하고, 처음 나올 때 원제를 병기했습니다.
- 인용문에서 강조된 부분은 모두 원저자에 의한 것입니다.

01
포스트사회주의 시대의 사회운동

'포스트사회주의 시대'가 도래하면서 분배를 중심으로 하는 노동 운동을 대신해 인정투쟁이 새로운 사회운동으로 등장했다. 이에 프레이저는 인정투쟁만으로는 전 세계적으로 심화되는 경제적 양극화를 해결할 수 없으며, 집단 정체성 인정의 요구는 오히려 인종 청소를 부추기는 물화 문제를 낳을 수 있다고 비판한다.

포스트사회주의 시대의 인정투쟁

프레이저는 당대를 '포스트사회주의' 시대로 진단하면서 비판적 정의론을 전개한다. 프레이저가 말하는 포스트사회주의 시대란 소련이 몰락한 시기를 가리킨다. 이때 "문화적 인정이 부정의의 개선책이자 정치 투쟁의 목표로서 사회경제적 재분배의 자리를 대신"(Fraser, 2016: 24)하게 되었다.

프레이저에 따르면 20세기 후반에 이르러 정치 운동은 더 이상 노동조합 중심의 계급투쟁이나 사회주의로의 시스템 전환을 위한 운동에 의해 추동되지 않게 되었다. 마르크스가 ≪자본(Das Kapital)≫에서 자본가에 의한 노동자 착취를 정치경제학적으로 분석한 이후, 사회적 부정의의 핵심에는 항상 자원의 분배 문제가 자리 잡고 있었다. 그러나 1917년 볼셰비키가 10월혁명으로 탄생시킨 소련이 1991년 해체되면서 사회운동의 양상이 달라지기 시작했다. 미하일 고르바초프(Mikhail Gorbachëv)의 페레스트로이카(perestroika) 이후 동구권에 시장 경제의 바람이 불기 시작했고, 과거 소련에 소속되었던 발트해 연안의 에스토니아, 라트비아, 리투아니아 등은 민족 정체성(ethnicity)의 차이를 강조하면서 독립 국가를 선언했다. 현재 러시아와 전쟁을 치르고 있는 우크라이나 역시 1922년 소련에 가입했다가 독립한 국가 중 하나다.

포스트사회주의 시기에 '차이의 인정'은 사회경제적 재분배를 대신해 사회적 부정의에 맞서는 투쟁의 중요한 축으로 부상했다. 민족 정체성뿐 아니라 인종, 젠더, 섹슈얼리티와 같은 집단 정체성을 토대로 문화적 인정을 요구하는 목소리도 높아지기 시작했다. 1970~1980년대에는 '성계급' 개념을 토대로 가부장 사회의 여성 대상화 문화를 신랄하게 비판하는 래디컬 페미니즘이 대두했고, 흑인 여성이 처한 권력 위치의 차이를 강조하는 유색인 페미니즘도 등장했다. 젠더 정체성뿐 아니라 섹슈얼리티도 차이의 인정을 요구하는 데 중요한 개념으로 자리 잡았다. '퀴어'는 혐오의 대상이 아니라 인정의 대상임을 사회적으로 설득하기 위한 운동이 활발하게 펼쳐졌다.

하버마스가 '신사회 운동'이라고 부른, 차이의 문화적 인정을 위한 이러한 투쟁들은 불꽃처럼 번져 갔다. 국가 주권을 외치면서 독립을 주장하는 흐름, 지방 정부의 자율성을 주장하는 정치적 흐름, 언어적 자율성을 외치는 흐름 등 인정 운동의 규모와 범위는 대단히 확장되었다. 이주민을 동화시키기보다 그 문화를 인정하는 방향으로 나아가야 한다는 다문화주의도 이때 함께 나타났다. 캐나다 퀘벡주에서는 프랑스어를 사용하는 사람들의 문화가 영어를 공용어로 사용하는 문화에 의해 차별받고 있다는 인식이 생겨났다. 그러면서 자신이 속한 공동체의 가치와 그에 대한 자긍심을 인정받으려면 사회가 언어적 차이를 인정해야 한다는 주장이 제기되었다.

이러한 인정투쟁의 흐름은 경제적 문제가 해결된다고 해서 문화나 정치 등 비경제적 갈등이 자동으로 해결되는 것이 아님을 분명히 보여 주었다. 찰스 테일러(Charles Taylor)나 악셀 호네트와 같은 이론가들은 인간의 자아가 공동체 안에서 공동체 구성원들의 존중과 인정을 통해 형성된다는 점을 밝혔다. 이로써 인간은 자신의 생존을 위해 자연을 독백적으로 가공하는 노동자일 뿐 아니라 타인과의 긍정적 상호작용으로 자신의 존엄성과 가치를 형성하는 사회적 존재가 되었다.

인정투쟁의 대체 문제

그러나 프레이저는 정체성의 차이에 토대한 차이의 인정투쟁이 '대체(displacement)'와 '물화(reification)'라는 문제를 낳는다고 지적한다. '대체'란 여전히 자원이 공정하게 분배되지 않음에도 문화적 차이의 인정이 모든 해방 운동의 대명사가 된 듯한 풍경이 펼쳐지는 것을 일컫는다. '물화'란 정체성에 기반한 해방 운동이 인종 청소, 종족 학살에 저항하는 운동을 추동하면서 동시에 그 정체성의 변화나 내부적 차이를 용인하지 않는 방향으로 나아가는 것을 말한다.

프레이저가 대체 현상에 대한 논의에서 우선적으로 주목하는 것은 차이 인정을 위한 투쟁이 활발히 전개되는 중에도 공격적인 자본주의가 만들어 내는 급진적 경제 불평등이 악화한다는 점이다. 이러한 상황에서 인정 운동은 재분배 운동을 교차적으로 보완·복잡화·풍부화하기보다 "주변화·퇴색화·대체하는 경향"을 보인다. 즉 인정 운동은 차이에 대한 무시를 교정하는 데에만 집중함으로써 분배 부정의로 인한 문제를 방기하게 된다.

프레이저에게 이 대체 현상은 심각한 문제다. 물질적 불평등과 그에 따른 양극화는 제1세계와 제3세계를 가리지 않고 미국, 스웨덴, 인도, 러시아, 브라질 등 세계 각국에서 악화하고 있다. 이러한 상황에서 재분배를 둘러싼 경제적 투쟁이 사라지고 집단 정체성의 문화적 인정이 운동의 주요한 과제로 부상한다면 우리는 이를 비판적으로 보아야 마땅하다. 이에 프레이저는 분배의 평등 문제를 도외시하지 않는 비판적 인정 이론을 발전시켜야 한다는 입장을 분명히 한다.

> 우리는 평등의 사회 정치와 정합적으로 조합될 수 있는 버전의 차이의 문화 정치를 규정하고 옹호하는 비판적 인정 이론을 발전시켜야 한다.(Fraser, 2016: 25)

다시 말해 비판이론은 인정 이론으로 분배 이론을 대체하는 대신 양자의 독자성과 얽힘을 함께 고려해야 한다.

정체성 인정 모델의 물화 문제

이어 프레이저는 차이의 인정을 둘러싼 운동이 집단 정체성을 '물화'한다고 지적한다. 여기서 물화는 인정투쟁 운동의 토대인 집단 정체성이 하나로 굳어져 변화와 다양성을 용인하지 못하게 되는 상황을 의미한다.

프레이저는 오늘날의 인정 정치가 대체로 "정체성 모델"을 따른다는 점을 물화 현상이 발생하는 원인으로 든다. 정체성 모델에 따라 차이의 인정을 요구하는 사람들은 지배 문화가 자신이 속한 집단 정체성을 비하하거나 무시하면 자신에 대한 긍정적인 이해에 도달할 수 없다고 본다. 이들은 인정투쟁을 통해 다시금 자신이 속한 집단 정체성에 대한 사회적 인정을 획득할 때 비로소 긍정적 자아를 형성할 수 있다고 생각한다.

따라서 정체성 모델에 따르는 사회운동은 인정을 통해 자신이 속한 집단 정체성을 긍정적인 것으로 확인받는 데 집중한다. 그러나 프레이저에 따르면 정체성 모델은 종종 문화나 정체성을 마치 본질인 것처럼 실체화한다. 젠더, 섹슈얼리티, 계급과 같은 집단이 "극적으로 단순화된 집단 정체성"(Fraser, 2016: 209)을 갖는다고 전제하면서 인간 삶의 복합성과 다층성을 부정하는 것이다. 결국 인정 정치는 집단 정체성을 단순한 무언가로 고착시킬 뿐 아니라 이에 순응하지 않는 내부적 차이들을 의도치 않게 배제한다.

단 하나의 정체성만 용인하는 형식의 인정투쟁은 '진정한' 정체성과 그렇지 않은 정체성을 구분함으로써 경계를 강화한다. 여기서 차이를 가로지르는 상호작용은 불가능하다. 그러한 인정투쟁은 집단의 구성원들이 계급, 성별, 인종, 교육 등의 차이로 인해 다층적 상황에 놓일 수 있음을 고려하지 못한다. 그 탓에 단 하나의 매끈한 정체성 주위를 맴돌면서 분리주의나 집단의 고립을 초래할 수 있다.

따라서 프레이저는 물화 문제를 극복하기 위해 인정을

정체성의 문제가 아니라 사회적 지위(status)의 문제로 다룰 것을 제안한다.

> 이 시각에서 인정되어야 하는 것은 특수한 집단 정체성이 아니라 개별 집단 구성원의 지위, 즉 사회적 상호작용의 온전한 파트너로서의 지위다.(Fraser, 2016: 211)

프레이저에 따르면 인정 정치에서 말하는 문화적 부정의는 집단 정체성을 인정받지 못해 무시받는 것이라기보다는 그러한 무시 탓에 사회적 상호작용의 온전한 파트너로서 동등한 지위를 박탈당하는 것이다. 따라서 비판적 인정 정치의 목적은 자신이 속한 집단 정체성의 가치를 인정받는 것이 아니라 그러한 정체성 집단에 속한다는 이유로 방해받는 동등한 참여의 지위를 회복하는 데 있다.

참고문헌

이현재(2019). "낸시 프레이저: 삼차원의 비판적 정의론". 한국철학사상연구회. ≪현대 정치철학의 네 가지 흐름≫, 227-246쪽. 에디투스.

Fraser, N.(2003). Social Justice in the Age of Identity Politics. In Fraser, N. & Honneth, A. *Redistribution or Recognition?: A Political-Philosophical Exchange*. London: Verso.

Fraser, N.(2008). From Redistribution to Recognition? Dilemmas of Justice in a "Postsocialist" Age. *Adding Insult to Injury: Nancy Fraser Debates Her Critics*, pp. 9-41. Olson, K.(ed.). London: Verso. 문현아·박건·이현재 옮김(2016). "재분배에서 인정으로?: '포스트사회주의' 시대 정의의 딜레마". ≪불평등과 모욕을 넘어: 낸시 프레이저의 비판적 정의론과 논쟁들≫, 24-68쪽. 그린비.

Fraser, N.(2008). Rethinking Recognition: Overcoming Displacement and Reification in Cultural Politics. *Adding Insult to Injury: Nancy Fraser Debates Her Critics*, pp. 129-141. Olson, K.(ed.). London: Verso. 문현아·박건·이현재 옮김(2016). "인정을 다시 생각하기: 문화 정치에서의 대체와 물화의 극복을 위하여". ≪불평등과 모욕을 넘어: 낸시 프레이저의 비판적 정의론과 논쟁들≫, 202-220쪽. 그린비.

02
분배냐 인정이냐

정의론 논쟁은 정의의 핵심이 자원의 분배인지 아니면 문화적 인정인지를 둘러싸고 진행되어 왔다. 그러나 사회경제적 부정의와 문화적 부정의는 서로 대립하거나 하나가 다른 하나로 환원되어 설명될 수 있는 문제가 아니다. 특히 젠더나 인종과 같은 집단은 양자의 모순을 중첩적으로 경험하는 이가적 집단이다. 따라서 오늘날 비판적 정의론은 분배와 인정을 모두 고려하는 가운데 포괄적으로 재구성되어야 한다.

사회경제적 부정의와 문화·상징적 부정의

프레이저는 평등한 분배와 차이 인정을 가로지르는 비판적 정의론을 정립하기 위해 사회적 부정의를 사회경제적 부정의와 문화적·상징적 부정의로 구분한다.

사회경제적 부정의는 잘못된 분배(maldistribution)와 연관된다. 자본가가 노동자의 잉여 노동을 착취하는 것, 좋은 스펙을 갖지 못한 사람들이 애초에 좋은 조건의 노동에 접근할 수 없게 주변화되는 것, 식민지 침탈자들이 원주민들의 자원과 노동을 동의나 대가 없이 수탈하는 것 등이 잘못된 분배다. 자본주의적 착취를 분석한 카를 마르크스, 기본재의 공정한 분배를 강조한 존 롤스(John Rawls), 개인이 동등한 역량을 갖도록 촉진되는 사회가 정의롭다고 주장한 아마르티아 센(Amartya Sen), 자원의 평등을 주창한 로널드 드워킨(Ronald Dworkin) 등은 사회경제적 부정의를 개념화하고 이를 시정하기 위해 정의론을 전개했다(이현재, 2019: 230-231). 이들 사상가처럼 사회경제적 부정의에 집중하는 사람들은 자원의 재분배를 위한 투쟁을 강조한다.

한편 문화·상징적 부정의는 지배적 문화에 타자가 종속되는 것, 문화적으로 비가시화되는 것, 일상과 공적 상호작용에서 반복적으로 비난받거나 경멸당하는 경시(disrespect) 또는 무시(misrecognition)와 연관된다. 여성들이 가부장적 문화에 복종해야 하는 사회, 서구의 합리성과는 거리가 먼 소통 방식을 지닌 원주민의 문화가 저급하다고 평가되는 것, 소위 정상성에 동화될 수 없는 성소수자들이 일상에서 조롱거리로 전락하는 상황 등이 문화적 부정의의 사례다.

헤겔의 인정 이론을 계승한 찰스 테일러는 무시란 누군가를 축소된 존재 양식에 가두는 억압이라고 설명했다. 악셀 호네트는 무시를 긍정적 자기관계에 손상을 입히는 정의롭지 않은 행위 방식으로 설명했다(이현재, 2019: 231). 문화·상징적 부정의에 관심이 있는 사람들은 그 해결책을 마련하기 위해 인정투쟁에 몰두한다.

적대주의와 환원주의 비판

프레이저는 사회경제적 부정의와 문화·상징적 부정의가 대립적이라고 전제하면서 둘 중 하나만을 선택하려는 이론이 적절하지 않다고 본다. 가령 리처드 로티(Richard Rorty), 브라이언 배리(Brian Barry), 토드 기틀린(Todd Gitlin) 등은 분배 정치의 중요성을 강조하면서 정체성 정치의 의미를 일축한다. 반대로 문화적 변형 투쟁을 강조한 아이리스 매리언 영(Iris Marion Young)은 분배 정치가 차이에 맹목적이라고 비판한다. 프레이저에 따르면 이들은 경제와 문화를 서로 대립하는 것으로 보기 때문에 정의의 다차원성에 관심을 기울이지 못한다. 따라서 둘 중 하나를 선택하는 방향으로 이론을 밀고 나간다.

더 나아가 프레이저는 한 부정의만 해결되면 다른 부정의도 해결될 수 있다고 생각하는 환원주의를 비판한다. 프레이저에 따르면 드워킨과 롤스는 잘못된 분배가 해결되면 인정 문제 역시 해결될 것이라고 간주하는 사상가들이다. 그들은 정당한 자원 분배와 권리 분배가 문화적 무시를 막아 줄 것이라고 생각한다. 그러나 분배 문제가 해결된다고 해서 모든 무시 문제가 풀리는 것은 아니다.

환원주의적 개념 틀은 인정 이론가들에게서도 나타난다. 프레이저에 따르면 호네트는 모든 경제 부정의가 노동을 다른 것에 비해 중요한 활동으로 특권화하는 문화 질서에 뿌리 내리고 있음을 비판하면서 문화 질서를 변화시키면 잘못된 분배를 막을 수 있다고 믿는다.

인정투쟁을 강조하는 이론가들은 문화·상징적 인정이 긍정적인 자기관계를 가능하게 한다는 점에서 그 어떤 것보다 중요한 정의의 요소라고 생각한다. 호네트는 ≪인정투쟁(Kampf um Anerkennung)≫에서 사회적 정의를 긍정적인 자기관계 회복에 관한 문제로 설정한다. 그러면서 정서적 인정(사랑), 인지적 인정(존중), 공동체적 인정(연대)과 같은 상호작용이 긍정적 자기관계를 가능하게 하는 정의의 핵심을 이룬다고 본다. 호네트는 아이에게 기본적 영양과 돌봄을 제공하지 않는 것을 정서적 무시의 문제로, 폭력을 가해 육체를 손상하거나 부당하게 착취하는 문제를 인지적 존중의 문제로 설명한다. 사회철학자 문성훈은 노동자들의 투쟁 역시 단순한 분배투쟁이 아니라 법적으로 동등한 권리를 부여받지 못해 인지적·법적 자아 존중감이 파괴되었기 때문에 나타나는 인정투쟁이라고 본다(문성훈, 2009).

그러나 프레이저의 논리에 따르면 한 여성이 정서적으로 그 개별성을 인정받고, 인지적으로 동등한 법적 권리를 인정받으며, 공동체의 다른 구성원으로부터 연대를 획득한다고 해서 경제적 빈곤이 해결되는 것은 아니다. 가령 모성이 사회적으로 숭앙받는다고 해서 여성들의 빈곤이 해결되지는 않았다. 반대로 어떤 여성이 경제적으로 부유하다고 해서 그가 지닌 여성성이 존중되는 것은 아니다. 이 때문에 중산층 여성들도 참정권 운동이나 낙태죄 반대 운동에 함께하는 것이다. 하나는 다른 것으로 완화될 수 있을지언정 문제를 온전히 해결하는 마스터키 역할을 하지는 못한다.

프레이저에게 정치경제적 부정의와 문화·상징적 부정의는 "분석적"(Fraser, 2016: 31)으로는 구분되지만 "실천에서 이 둘은 서로 얽혀"(Fraser, 2016: 32) 있다. 경제 제도에는 의미화와 가치의 규범이 스며들어 있고, 문화적 의미체계는 물질적 변화에 영향을 받는다. 따라서 프레이저는 비늘처럼 얽혀 있는 두 가지 부정의를 함께 보기 위해 분배와 인정의 문제를 함께 고려하는 비판적 정의론을 모색해야 한다고 주장한다.

이가적 집단과 비판적 정의론

프레이저는 적대주의와 환원론 모두를 거부하고 양자를 포괄하는 비판적 정의론을 추구했다. 이는 프레이저가 교차성 페미니즘의 관점에서 여성이라는 젠더의 문제를 숙고했기에 얻을 수 있는 방법론이었다. 프레이저는 인간 보편의 관점을 견지하거나 계급적 관점을 취하는 대신 계급과 문화가 교차하는 여성이라는 구체적 위치를 경유해 비판적 정의론을 구성한다.

프레이저는 오늘날 순수하게 경제적인 차원 혹은 순수하게 문화적인 차원에만 관련된 집단은 거의 없다고 생각한다. 그럼에도 경제적 부정의와 문화적 무시가 부정의의 양극단에 위치하는 스펙트럼을 생각해 본다면 한쪽 끝에는 프롤레타리아트 집단, 다른 쪽 끝에는 퀴어와 같은 섹슈얼리티 집단이 속한다고 본다. 즉 프롤레타리아의 비참함은 대부분 잘못된 분배와 관련되며 집단의 가치가 문화적으로 평가 절하되는 문제와는 크게 상관이 없다. 반면 동성애자들이 조롱당하는 일은 대부분 문화적 무시와 연관된다. 동성애자들은 계급 전반에 골고루 퍼져 있고, 노동 분업상 구분되는 위치를 점하지도 않는다. 이들을 괴롭히는 것은 대부분 그들의 성적 정체성에 대한 사회문화적 평가 구조다.

그러나 하나의 부정의로 거의 전적으로 설명되는 계급이나 섹슈얼리티 집단과 달리 '여성'이나 '인종'은 잘못된 분배와 문화적 무시 모두에 시달리는 "이가적 집단"(Fraser, 2016: 41-42)이다.

> 개념적 스펙트럼의 중간에 위치하는 집단을 고려하게 되는 경우 우리는 착취된 계급의 특징과 경멸된 섹슈얼리티의 특

징이 조합되어 있는 혼종 양식을 마주하게 된다. 이러한 집단이 '이가적(bivalent)'이다. 이 집단이 집단적으로 차별화되는 원인은 사회의 정치경제 구조와 문화 평가적 구조 양자와 연관되어 있다.(Fraser, 2016: 41-42)

여성은 무엇보다 경제적 부정의에 시달린다. 여성은 가사노동과 같은 부불(不拂) 노동을 하거나 "핑크 노동"과 같은 저임금 노동에 내몰린다. 우리나라의 성평등 지수는 점차 좋아지고 있지만, 그럼에도 2023년 남성 고용률이 76.9퍼센트인 반면 여성 고용률은 61.4퍼센트에 지나지 않는다. 여성 정규직의 시간당 임금은 2만 205원으로 2만 7695원인 남성 임금의 73퍼센트 수준이다. 특히 여성 저임금 근로자는 남성 저임금 근로자보다 1.6배 많으며, 여성 비정규직의 시간당 임금도 1만 4944원으로 남성 비정규직의 임금 2만 337원에 한참 못 미친다. 결과적으로 여성 임금은 남성 임금의 71퍼센트에 지나지 않는다(여성가족부, 2024: 31-32).

여성은 문화적으로도 멸시받는다. 성적 대상화, 여성 비하 등 여성 집단에 대한 광범한 평가 절하가 나타난다. 1970～1980년대에 불타오른 래디컬 페미니즘은 여성의 대상화와 여성 혐오(misogyny)가 경제적 계급 문제로 설명될 수 없다는 각성에서 출발했다. 2023년 우리나라의 여성 관리자 비율은 22.1퍼센트였으며, 국회의원 중 여성 의원은 20.9퍼센트에 그쳤다. 신종 성폭력인 디지털 성범죄, 특히 통신매체를 이용한 음란 범죄가 급증하면서 성폭력 발생 건수가 늘어나고 있다(여성가족부, 2024: 6-7).

경제적 부정의와 문화적 무시 양자의 문제는 긴밀하게 얽혀 있다. 여성 노동은 여성에게 부여되는 문화적 위계 탓에 경제적으로도 저평가되며, 경제적으로 빈곤한 탓에 쉽게 성적 대상화의 제물이 되기도 한다. 양육과 가사노동 같은 여성 노동은 핑크 노동으로 간주되며 낮은 임금을 받는다. 돌봄과 재생산노동은 저임금 노동으로 평가 절하되며 생산노동보다 덜 중요한 것으로 간주된다. 프레이저는 이런 맥락에서 '여성'을 이가적 집단으로 설명한다.

여성과 비슷하게 흑인과 같은 인종적 집단 역시 두 가지 부정의에 시달린다. 미국의 역사는 흑인을 노예로 강등하고 다른 색의 피부를 지녔다는 이유만으로 빈곤층으로 만들었다. 요컨대 젠더·인종 집단이 당면하는 어려움은 분배와 인정 모두에서 치유책을 요한다. 즉 젠더와 인종에서 출발하는 정의론은 분배 문제와 인정 문제 모두를 고려하는 비판적 정의론을 필요로 한다.

프레이저는 여성의 문제를 계급 문제로 환원해 설명한

마르크스주의 페미니즘과 여성의 문제를 상징적 구조의 문제로만 생각한 정신분석 페미니즘의 한계를 넘어 양자의 모순을 동시에 파악하고자 한 사회주의 페미니즘을 계승한다. 사회주의 페미니즘은 여성이라는 집단에 경제적 계급과 상징적 구획이 교차적으로 나타난다는 점을 인식하면서 등장했다. 사회주의 페미니즘의 교차적 분석을 채택하면 우리는 경제 문제를 문화 문제로 대체하는 오류를 극복하면서 젠더 집단 내부에서 발생할 수 있는 차이를 가로지르는 비판적 정의론을 구성할 수 있다.

젠더와 인종만을 이가적 집단으로 설정하는 프레이저의 비판적 정의론은 이후 논쟁을 불러일으키기도 한다. 가령 주디스 버틀러(Judith Butler)는 섹슈얼리티 집단 역시 "단지 문화적인" 부정의에만 시달리지는 않는다고 강변한다. 예컨대 트랜스젠더는 문화적으로 주변화되지만 취직이 어려운 상황 탓에 빈곤에 시달리기도 한다. 그러나 프레이저는 그렇다고 동성애의 문제를 자본주의 경제에 직접적으로 속한 문제로 볼 수는 없다고 본다. 즉 동성애는 잘못된 분배와 연결될 수는 있지만 개념상 경제적인 것은 아니므로 문화적 무시가 해결되면 경제적 곤궁 역시 치유될 수 있다고 여긴다. 따라서 분석적으로 볼 때 섹슈얼리티 집단은 이가적이라기보다는 문화적 부정의와 관련된 집단이다.

참고문헌

문성훈(2009). ≪인정의 시대≫. 사월의책.

문성훈(2010). "호네트: 병리적 사회 극복을 위한 인정 투쟁". 연구모임 사회 비판과 대안. ≪프랑크푸르트 학파의 테제들≫, 225-264쪽. 옹기장이.

여성가족부(2024). "2024 통계로 보는 남녀의 삶". https://www.mogef.go.kr/nw/enw/nw_enw_s001d.do?mid=mda700&bbtSn=712164

이현재(2019). "낸시 프레이저: 삼차원의 비판적 정의론". 한국철학사상연구회. ≪현대 정치철학의 네 가지 흐름≫, 227-246쪽. 에디투스.

Fraser, N.(2008). From Redistribution to Recognition? Dilemmas of Justice in a "Postsocialist" Age. *Adding Insult to Injury: Nancy Fraser Debates Her Critics*, pp. 9-41. Olson, K.(ed.). London: Verso. 문현아·박건·이현재 옮김(2016). "재분배에서 인정으로?: '포스트사회주의' 시대 정의의 딜레마". ≪불평등과 모욕을 넘어: 낸시 프레이저의 비판적 정의론과 논쟁들≫, 24-68쪽. 그린비.

Fraser, N.(2008). Rethinking Recognition: Overcoming Displacement and Reification in Cultural Politics. *Adding Insult to Injury: Nancy Fraser Debates Her Critics*, pp. 129-141. Olson, K.(ed.). London: Verso. 문현아·박건·이현재 옮김(2016). "인정을 다시 생각하기: 문화 정치에서의 대체와 물화의 극복을 위하여". ≪불평등과 모욕을 넘어: 낸시 프레이저의 비판적 정의론과 논쟁들≫, 202-220쪽. 그린비.

Fraser, N. & Honneth, A.(2003). *Redistribution or Recognition?: A Political-Philosophical Exchange*. London: Verso.

03
변혁적 개선책

프레이저가 재분배 문제와 인정 문제를 포괄하는 정의론을 구성할 때 가장 큰 장애물은 재분배-인정 딜레마였다. 잘못된 분배를 개선하려면 계급적 구분이 해체되어야 하지만, 문화적 무시를 개선하려면 집단 구분을 유지해야 하기 때문에 양자 사이에는 딜레마가 발생한다는 것이다. 프레이저에 따르면 이 딜레마는 적극적 조치와 같이 집단 정체성의 구분을 긍정하고 유지하는 긍정적 개선책이 아니라 애초부터 존재했던 위계적 이분법에 의한 정체성 자체를 해체하는 변혁적 개선책을 통해 극복될 수 있다.

재분배-인정 딜레마

젠더와 인종은 재분배 문제와 인정 문제가 얽혀 있는 이가적 집단이다. 그런데 프레이저가 보기에 젠더와 인종 집단은 바로 이 이가성 때문에 부정의를 해결하는 과정에서 딜레마에 봉착했다. 포스트사회주의 국면에서 잘못된 분배를 개선하는 방법과 문화적 무시를 개선하는 방법은 사회운동이 집단 구분을 유지할 것이냐 해체할 것이냐를 두고 정반대의 방향으로 갈리기 때문이다.

가령 경제적 부정의를 해결하고자 한 마르크스주의 페미니즘 운동은 여성과 남성이라는 집단 분화를 철폐해 문제를 개선하려 한 반면, 정체성 인정을 통해 여성 해방을 이루려 한 차이의 페미니즘 운동은 여성과 남성이라는 집단 분화를 유지한 채 집단 정체성을 인정받는 방식으로 문제를 개선하고자 했다. 이것이 바로 이가적 집단이 자신이 처한 부정의를 해결하는 과정에서 맞닥뜨리는 재분배-인정 딜레마다.

> 재분배의 논리가 젠더를 폐기시키는 것에 있다면, 인정의 논리는 젠더 특수성의 가치를 인정하는 데 있다.(Fraser, 2016: 44-45)

잘못된 분배를 개선하려 한 여성운동의 흐름을 먼저 살펴보자. 프레이저에 따르면 사회의 정치경제적 구조 탓에 발생하는 부정의로는 "착취(한 사람의 노동 결과물이 다른 사람의 이익을 위해 전유되는 것), 경제적 주변화(바람직하지 않은 혹은 형편없이 낮은 임금이 지불되는 노동에 갇혀 있는 것 혹은 수입을 발생시키는 노동 전반에 대한 접근이 거부되는 것) 그리고 박탈(생활에 필요한 적절한 물질적 수준이 거부되는 것)"(Fraser, 2016: 28) 등이 있다. 저임금의 핑크 노동은 여성 노동의 사회적 착취고, 대가가 지급되지 않는 가정 내에서의 가사노동은 여성의 경제적 주변화를 초래하며, 대기업이 제3세계 여성 농민의 땅을 싼 가격에 매입하는 것은 여성들의 기본적 생활을 위한 토대를 박탈하는 행위다. 계급투쟁에 기반해 여성의 빈곤을 해결하려는 사회운동은 노동자/자본가, 주변/중심, 피식민/식민과 같은 집단 구분을 해체해 그로 인해 발생하는 부정의를 타파하고자 한다.

반면 지배적 남성중심성에 의한 여성성 무시에 저항했던 차이의 인정투쟁들은 집단 구분을 유지한 채 평가 절하되었던 여성성의 가치에 사회적 인정을 부여하고자 한다. 이 흐름은 남근중심적 상징체계와 가부장적 문화가 지배하는 사회에서 여성들이 여성성을 긍정적으로 재현하거나 해석하지 못한 채 남성에게 문화적으로 지배당하거나 종속되는 상황을 비판한다. 동양이고 서양이고 할 것 없이 여성 정체성은 오랫동안 완전한 인간성의 '결핍'이나 이성의 '부재'로 간주되었다. 헤겔은 여성을 변덕스러운 공동체의 영원한 아이러니로 전제했으며, 프로이트는 여성을 페니스의 부재로 정의했다. 도덕적으로도 여성의 보살핌 윤리는 정의로운 도덕의 완성태에 미치지 못하는 낮은 단계의 도덕적 태도로 평가되었다. 여성은 어머니로 추앙받을 때조차 문화가 아니라 자연이었다. 이러한 경향을 교정하려 한 문화운동은 여성과 남성의 집단 구분은 그대로 둔 채 여성 집단의 정체성을 결핍이 아니라 차이로 인정받고자 했다.

이로써 젠더 집단을 둘러싼 여성운동은 재분배-인정 딜레마에 봉착한다. 잘못된 분배를 교정하려면 계급을 해체하듯 집단 구분을 해체하는 것을 목적으로 삼아야 하지만, 문화적 무시를 교정하려면 집단 구분을 그대로 둔 채 집단 정체성의 가치를 긍정적인 것으로 변화시키는 것을 목적으로 삼아야 한다.

긍정적 개선책

이러한 재분배-인정 딜레마를 어떻게 극복할 수 있을까? 프레이저는 긍정적(affirmative) 개선책과 변혁적(transformative) 개선책이라는 두 가지 방법을 소개한다. 여기서 긍정이란 집단 정체성 구분이라는 틀을 그대로 긍정해 유지한다는 뜻이고, 변혁이란 그 틀을 해체적으로 재구성한다는 뜻이다.

> 부정의에 대한 긍정적 개선책이라는 말은 사회 질서의 불공정한 결과를 창출하는 근저의 틀거리는 손대지 않은 채 그 틀거리가 만들어 내는 결과를 교정하고자 하는 것을 의미한다. 변혁적 치유책이란 이와는 반대로 근저에서 이를 발생시키는 틀거리를 재구조화함으로써 불공정한 결과를 교정하고자 하는 것을 의미한다.(Fraser, 2016: 49)

프레이저는 처음에 재분배는 집단 분화의 해체로 나아가는 반면 인정은 집단 분화를 유지하는 방향으로 나아가기 때문에 딜레마가 발생한다고 진단했다. 그런데 프레이저는 이 딜레마를 해결할 방식을 고안하는 과정에서 재분배 정책과 인정 정책 양자에 집단 분화를 긍정하는 정책과 해체하는 정책이 공존해 왔음을 보여 준다. 가령 자유주의적 복지국가는 집단 분화를 그대로 둔 채 재분배 문제를 해결하는 것을 이상으로 삼으며, 사회주의는 집단 분화를 해체적으로 재구성하려 한다. 주류 다문화주의는 인정 문제를 풀기 위해 기존 집단 분화를 그대로 둔 채 집단이 지닌 정체성의 가치를 재할당하는 전략을 취한다. 한편 해체주의는 인정 문제를 풀기 위해 기존 집단 구분을 해체하는 전략을 취한다. 프레이저는 이 네 가지 방향을 정리해 표 3-1을 제시한다.

프레이저에 따르면 표 3-1에서 대각선에 있는 두 항은 딜레마적 갈등을 일으킨다. 가령 계급 철폐를 주장하는 사회주의와 집단 분화를 유지하려는 주류 다문화주의는 딜레마 관계에 있다. 심층의 경제적 구조를 그대로 두고 재분배를 통해 문제를 완화하려 하는 자유주의적 복지국가와 심층의 이분법적 분화 자체를 해체하려 하는 해체주의 역시 딜레마를 불러일으킨다.

반면 같은 열에 있는 두 항은 딜레마를 일으키지 않는다. 자유주의적 복지국가와 주류 다문화주의는 둘 다 집단 구분을 그대로 두는 긍정적 개선책이다. 사회주의와 해체주의는 둘 다 집단 구분을 해체하는 변혁적 개선책이다. 따라서 프레이저는 우리에게 두 가지 선택지만이 주어진다

표 3-1 긍정적 개선책과 변혁적 개선책

	긍정	변혁
재분배	자유주의적 복지국가 기존 집단에 존재하는 재화를 표면적으로 재할당 집단 분화 유지 무시 창출 가능성 있음	사회주의 생산관계의 심층적 재구조화 집단 분화의 희석 몇 가지 무시 형식을 치유하도록 도울 수 있음
인정	주류 다문화주의 기존 집단의 기존 정체성에 존중을 표면적으로 재할당 집단 분화 유지	해체주의 인정 관계의 심층적 재구조화 집단 분화의 탈안정화

출처: Fraser(2016), 57

고 본다. 즉 우리는 표의 왼쪽 열에 해당하는 긍정적 개선책과 오른쪽 열에 해당하는 변혁적 개선책 중 하나를 택해야 한다.

그런데 프레이저가 보기에 긍정적 개선책은 문제가 있다. 가령 주류 다문화주의의 긍정적 인정 전략은 집단 구분 자체는 그대로 둔 채 진행되기 때문에 기존 집단 정체성을 단순화하는 방향으로 나아갈 수 있다. 그것은 차이의 인정과 관련해 정체성 모델에 의존한다. 즉 긍정적 개선책은 인종 분화나 젠더 분화를 반복하는 가운데 각 집단의 정체성을 단순화하면서 그 변화 가능성과 내부적 차이들을 고려하지 않는 “물화”를 초래할 수 있다. 자유주의적 복지국가와 주류 다문화주의는 이분법적 젠더 분할과 그에 따른 경제 구조는 그대로 둔 채 재화 혹은 존중을 표면적으로 재할당하는 데에만 신경을 쓴다.

긍정적 개선책은 집단 분화가 어떻게 일어나는지, 더 나아가 어떻게 해야 집단 분화가 더 이상 차별로 나타나지 않을지에 관심을 기울이기보다 나타난 분화에 따른 차등을 사후적으로 해결할 방법에 몰두한다. 따라서 프레이저는 사회주의와 해체주의로 이루어진 오른쪽 열의 변혁적 조합이 물화 문제를 피할 수 있는 유일한 개선책이라고 본다.

적극적 조치의 한계

적극적 조치(affirmative action)는 긍정적 개선책이 불러일으키는 다양한 문제를 구체적으로 보여 준다. 프레이저는 특히 재분배에서의 적극적 조치가 특정 집단 정체성에 낙인을 찍어 그 집단이 모욕당하는 결과를 초래하기도 했다고 본다. 가령 문화 페미니즘은 기존 젠더 분화는 그대로 둔 채 여성에게 존중을 보장하는 여성 교수 할당제와 같은 정책을 추진했다. 이는 젠더 분화를 강조했을 뿐 아니라 여성을 특별 대우를 받는 수혜자로 낙인찍었다.

> 젠더 불이익을 창출하는 심층 구조는 그대로 놔둔 채, 그것은 표면적인 재할당만을 계속 만들어 낸다. 결과적으로 나타나는 것은 젠더 분화의 강조뿐만이 아니다. 이것은 또한 여성을 결함이 있고 만족을 모르는 존재로, 항상 더 많은 것을 요구하는 존재로 표시한다. 장기적으로 여성은 심지어 특권화된 존재, 특별 대우와 과분한 부조의 수혜자로 비칠 수도 있다.(Fraser, 2016: 61)

엘리자베스 앤더슨(Elizabeth Anderson)은 미국 고등교육에서 인종 집단에 대한 적극적 조치가 물화 외에 어떠한 부작용을 가져왔는지 이해하려면 프레이저의 이러한 분석에 주목해야 한다고 보았다(Anderson, 2016: 255).

미국에서는 인종과 관련된 정의를 실현하기 위해 고등교육에서 적극적 조치를 실행했다. 낙후된 자원을 보상하고 문화적 다양성을 인정하기 위함이었다. 이는 인종 집단 분화에는 손대지 않는다는 점에서 각각 재분배 문제와 인정 문제의 긍정적 개선책에 상응한다. 그런데 분배의 긍정적 개선책을 특권적 보상으로 이해하는 사람들 탓에 유색

인들의 정체성은 오히려 제멋대로 단순화되어 난도질당하기에 이르렀다. 이 정책에 불만을 품은 사람들은 유색 인종을 "결함이 있고 만족을 모르며" "특별 대우를 받는 특권 수혜층"으로 단순화해 조롱했다(Anderson, 2016: 256). 오히려 백래시(backlash)에 해당하는 무시가 나타난 것이다. 여기서 보상을 통한 재분배는 문화적 무시의 해결로 나아가지 못했다.

적극적 조치를 경제적 보상이 아니라 다양성 인정의 정치로 이해한 사람들에게도 문제가 나타났다. 다양성의 인정을 강조하는 정책은 인종 집단의 "내적 동질성"(Anderson, 2016: 261)을 강조하는 경향을 보였다. 그런데 흑인들의 조상 공동체가 동일한 정체성을 가졌다는 점을 보장해 주면 그들의 가난도 해결되는가? 정체성이 본질적인 것으로 간주되면서 인종적 차이가 부각되는 경우 인종과 관련된 고정관념은 해체될 수 있는가? 그 밖에도 이러한 방식은 왜 아프리카계 흑인들에 대해서만 적극적 조치를 시행해야 하는지 제대로 설명하지 못한다. 따라서 적극적 조치는 인종적 무시를 교정하지도 정치경제적 계급을 타파하지도 못했다.

변혁적 개선책

프레이저는 집단 구분의 해체로 나아가는 변혁적 개선책을 통해서만 정의의 문제에 제대로 접근할 수 있다고 본다. 다시 말해 경멸받는 인종 집단이나 젠더 집단의 문제 역시 집단의 단일한 정체성을 강조할 때가 아니라 정체성 해체를 통해 "인종 집단 내부의 다양성을 강조"(Anderson, 2016: 260)할 때 해소될 수 있다고 주장한다.

사회주의와 해체주의의 조합은 사회주의 페미니즘이나 페미니스트 사회민주주의의 형식에서 잘 나타난다. 이들은 퀴어링(queering) 전략을 통해 젠더 이분법뿐 아니라 젠더와 관련된 경제적 계급을 해체하는 사회주의를 지향한다. 이들은 '여성이란 무엇인가' 같은 물음을 던지지 않는다. 그 대신 '젠더가 얼마나 다양할 수 있는가'에 관심을 기울인다. 그 덕에 이들은 운동 과정에서 단순화된 집단 정체성을 되풀이할 때 마주할 수 있는 집단 조롱과 낙인의 문제로부터 벗어날 수 있다. 오히려 이들은 운동 과정에서 정체성이 응결되는 것에 반대한다.

프레이저의 변혁적 개선책은 논쟁을 불러일으켰다. 아이리스 매리언 영은 해체를 지향하기보다 차이를 다양화하는 '차이의 정치'를 주창하면서 여전히 정체성 유지에

친화적인 이론을 펼쳤으며, 앤 필립스(Anne Phillips) 역시 이에 동조하면서 해체주의적 입장을 비판했다.

그러나 변혁적 개선책의 가장 치명적인 단점은 프레이저 자신의 고백에서 가장 잘 드러난다. 프레이저는 변혁적 개선책의 조합에 결함이 있다면 그것은 현실적으로 이 정책이 여성 대부분의 직접적 이해관계나 정체성에서 멀리 떨어져 있기에 과감하게 지향하기 어렵다는 데 있다고 본다. 사람들은 변혁적 치유책이 옳더라도 원할 수는 없다고 생각하는 경우가 많다(Fraser, 2016: 63-64). 가령 유색 인종이나 젠더 집단은 기존의 문화와 가치 패턴에 익숙하기 때문에 그것들로부터 벗어나려 하지 않는다. 또한 사회주의적 치유책은 지나치게 해체적이어서 기존 경제 구조에 익숙한 사람들에게 영감을 불러일으키지 못한다. 이러한 프레이저의 자가진단은 해체를 지향하는 변혁적 개선책이 현실적 실현 면에서 매우 취약할 수 있음을 보여 준다.

참고문헌

이현재(2019). "낸시 프레이저: 삼차원의 비판적 정의론". 한국철학사상연구회. ≪현대 정치철학의 네 가지 흐름≫, 227-246쪽. 에디투스.

Anderson, E.(2008). Affirmative Action and Fraser's Redistribution-Recognition Dilemma. *Adding Insult to Injury: Nancy Fraser Debates Her Critics*, pp. 164-175. Olson, K.(ed.). London: Verso. 문현아·박건·이현재 옮김(2016). "적극적 조치와 프레이저의 재분배-인정 딜레마". ≪불평등과 모욕을 넘어: 낸시 프레이저의 비판적 정의론과 논쟁들≫, 255-273쪽. 그린비.

Butler, J.(2008). Merely Cultural. *Adding Insult to Injury: Nancy Fraser Debates Her Critics*, pp. 42-56. Olson, K.(ed.). London: Verso. 문현아·박건·이현재 옮김(2016). "단지 문화적인". ≪불평등과 모욕을 넘어: 낸시 프레이저의 비판적 정의론과 논쟁들≫, 69-91쪽. 그린비.

Fraser, N.(2008). From Redistribution to Recognition? Dilemmas of Justice in a "Postsocialist" Age. *Adding Insult to Injury: Nancy Fraser Debates Her Critics*, pp. 9-41. Olson, K.(ed.). London: Verso. 문현아·박건·이현재 옮김(2016). "재분배에서 인정으로?: '포스트사회주의' 시대 정의의 딜레마". ≪불평등과 모욕을 넘어: 낸시 프레이저의 비판적 정의론과 논쟁들≫, 24-68쪽. 그린비.

Fraser, N.(2008). Heterosexism, Misrecognition, and Capitalism: A Response to Judith Butler. *Adding Insult to Injury: Nancy Fraser Debates Her Critics*, pp. 57-68. Olson, K.(ed.). London: Verso. 문현아·박건·이현재 옮김(2016). "이성애 중심주의, 무시 그리고 자본주의: 주디스 버틀러에 대한 답변".

≪불평등과 모욕을 넘어: 낸시 프레이저의 비판적 정의론과 논쟁들≫, 92-109쪽. 그린비.
Fraser, N. & Honneth, A.(2003). *Redistribution or Recognition?: A Political-Philosophical Exchange.* London: Verso.

04
정치적 대표 가능성

지구화 시대에 정의에 대한 논의는 경제적 분배, 문화적 인정 외에 정치적 대표 가능성이라는 세 번째 차원을 함께 고려해야 한다. 베스트팔렌적 틀 안에서 시민권을 획득하지 못한 이주 여성은 거주국에서 의사결정과 관련해 자신의 목소리를 낼 수 없다. 이것이 바로 정치적 대표 불가능성이라는 부정의다. 이를 해결하려면 포스트베스트팔렌적 틀 안에서 정치적 참여 문제를 다시 사유할 필요가 있다. 이로써 프레이저는 삼차원적 정의론으로 나아간다.

지구화 시대의 정의

1995년에 발표한 논문 "재분배에서 인정으로?(From Redistribution to Recognition?)"와 2000년에 발표한 논문 "인정을 다시 생각하기(Rethinking Recognition)" 그리고 호네트와의 논쟁을 엮어 2003년에 출판한 저서 ≪분배냐, 인정이냐?≫에서 프레이저는 정의를 논할 때 경제적 재분배와 문화적 인정이라는 두 가지 측면만을 언급했다. 하지만 2008년에 출판한 ≪지구화 시대의 정의≫에서는 지구화와 함께 정의에 대한 논의 방식이 변화해야 한다고 주장한다. 그러면서 정의의 세 번째 차원, 즉 정치적 대표 가능성의 영역을 추가로 도입해 정의의 틀을 삼차원으로 재구성한다.

프레이저에 따르면 지구화는 근대 영토국가의 틀 안에서 논의되던 정의 문제를 초국가적 문제로 다루어야 할 필요성을 만들어 냈다. 프레이저는 브레턴우즈 체제(Bretton Woods system)하에 케인스주의(Keynesianism) 경제가 국가 수준에서 작동하던 시기의 영토국가의 틀을 '케인스주의-베스트팔렌적 틀(Keynesian-Westphalian frame)'이라고 부른다. 여기서 '베스트팔렌'은 현대의 국가 체제가 1648년 베스트팔렌 조약을 통해 확고하게 자리 잡았기 때문에 붙은 것이다. 이 베스트팔렌적 틀 안에서 재분배 정의는 주로 영토국가 내 경제 불평등에 초점을 맞추었고, 인정에 대한 주장은 국가 차원에서 제도화된 무시를 치유하는 데 집중했다(Fraser, 2016: 424). 케인스주의-베스트팔렌적 틀은 근대 영토국가에 기반하기 때문에 여기서 주인공은 물론 "국가의 일반 시민"(Fraser, 2016: 425)이다.

그러나 지구화와 함께 정의의 스케일이 변화한다. 소위 '포스트베스트팔렌' 시대가 도래한 것이다. 오늘날 우리는 일상을 구성하는 사회적 삶의 과정이 영토화된 국경을 넘나들고 있음을 매일 목도한다. 시내에는 다국적 기업의 프랜차이즈 카페들이 즐비하고, 지구 온난화는 일국의 문제가 아니라 국제적으로 풀어야 하는 문제로 대두하고 있으며, 우크라이나와 러시아의 전쟁은 농산물과 자원을 수입해야 하는 한국의 경제에도 막강한 영향력을 미치고 있다. 한국에도 노동과 결혼을 위해 이주한 이주민들이 많이 들어와 있으며 기업을 운영하기 위해 거주하는 외국인들도 늘어나고 있다. 비동의성 착취 동영상에 의한 성폭력 범죄나 보이스 피싱 사기가 해외에 플랫폼을 두고 벌어지는 양상을 보더라도 이제 시민의 안전은 일국의 차원에서 충분히 보장될 수 없는 문제다. 즉 정의 문제는 일국의 동료 시민들 사이의 권리관계에만 국한되지 않는다. 따라서 누구를 정의 담론의 구성원으로 받아들일 것인지가 초미의 관심사다.

> 분배 쟁점이냐 인정 쟁점이냐를 막론하고 기존에는 공동체 성원과 관련된 정의의 문제가 무엇이 되어야 할 것인지에 대해서만 초점이 맞춰졌던 논쟁이, 이제는 누가 구성원이 되어야 하며 어떤 것이 해당 공동체여야 하는지에 관한 것으로 바뀌었다.(Fraser, 2016: 427)

프레이저는 '누구'의 문제 즉 정치적 상호작용의 파트너로서 지위를 누구에게, 어떤 공동체에까지 부여할 것인지를 핵심 물음으로 하는 정치적 대표성이 정의의 세 번째 독자적 축으로 등장했다고 분석한다. 프레이저가 말하는 세 번째 차원이란 '정치적인 것'이다. 여기서 프레이저는 '정치적'이라는 표현을 제한적으로 사용한다. 그것은 "국가의 사법권의 범위 그리고 국가가 논쟁들을 구조화할 수 있게 하는 의사결정 규칙들"과 관련된다.

> [정치적인 것은] 정당한 분배와 상호 인정을 받을 자격이 있는 사람들의 범위 안에 누가 포함되고 누가 배제되는지를 우리에게 말해 준다. 마찬가지로 정치적 차원은 의사결

정 규칙을 확립함으로써 경제적 차원과 문화적 차원 모두에서 문제를 제기하고 그것을 해소하기 위한 절차들을 설정한다.(Fraser, 2010: 39)

정치적 대표와 대표 불능

경제적 불평등은 재분배를, 무시는 인정을 핵심 규범으로 삼는다면, 정치적 부정의에서 쟁점은 의사결정 절차와 논의 구조에서 자신을 동등하게 '대표(representation)'하는 것이다. 이는 가장 일반적인 의미의 '참여 동등(parity of participation)'을 가리킨다(Fraser, 2016: 429). 대표가 정치의 가장 고유한 쟁점이라면 정치에 고유한 부정의는 '대표 불능(misrepresentation)'이 된다. 일반적으로 정치 영역을 포함하는 사회적 상호작용에서 다른 사람이 나의 "동등하게 참여할 가능성을 부당하게 거부하는 경우에 대표 불능이 발생한다"(Fraser, 2016: 432). 누군가가 타인으로 인해 사회적 상호작용에 온전한 동료로 참여해 의견을 제시할 수 없다면 그것이 바로 정치적 부정의다.

그렇다면 누가 포스트베스트팔렌적 틀로 인해 대표 불능의 상태에 처하는가? 가령 한 불법 체류자 이주 여성이 한국 남성과 살다가 가정폭력에 시달려 집을 뛰쳐나간 경우를 생각해 보자. 이때 그 이주 여성은 한국의 법에 제대로 보호받지 못할 뿐 아니라 법에 자신의 피해를 호소할 수도 없다. 임금 체불에 시달리는 불법 체류 외국인 노동자도 마찬가지다. 이때 그 노동자는 체포될까 두려워 공적 영역에 나설 수 없다. 이들이 피해를 호소할 수 있게 하려면 정치적 대표의 틀을 바꾸어야 한다. 그러지 않는다면 이들은 정치적 죽음이라는 상태에서 어떤 대표의 권리도 행사할 수 없다.

그 밖에도 기후 위기나 탄소 배출 문제는 전 지구적 문제라는 점에서 홍수나 가뭄과 같은 재난이 일어난 곳에 거주하지 않는 사람들을 포함해 모든 행성인의 정치적 견해와 책임이 필요하다. 여기서 환경정치는 누가 그 문제를 논의하는 공론의 장에 들어갈 수 있느냐를 둘러싼 틀 짜기의 문제가 된다.

이런 맥락에서 앙리 르페브르(Henri Lefebvre)는 시민권이 아니라 '도시권(right to the city)'을 주창했다. 지구화 시대의 정의는 시민권이 없는 도시 거주민에게도 그 도시에 접근할 권리와 자신의 정치적 의사를 표현할 권리를 부여해야 한다는 것이다.

삼차원적 정의론

프레이저는 정치적인 것에 두 가지 위상을 부여한다. 정치적인 것은 대표 불능이라는 부정의와 연관된 정의의 세 번째 차원이기도 하지만, 경제적 불평등과 문화적 무시를 매개하거나 포괄하는 메타적 위상을 갖기도 한다.

먼저 프레이저는 대표 불능의 문제가 분배와 인정으로 환원될 수 없는 제3의 부정의임을 분명히 한다. 누가 정당한 분배와 문화적 인정을 받을 수 있는가, 어떤 절차를 통해 이 문제를 해결하기 위한 목소리를 낼 수 있는가는 분배 문제나 인정 문제로 환원할 수 없는 정치적 차원의 문제다. 따라서 논의에 정치적 차원을 도입하면 목소리를 낼 기회를 박탈당했거나 목소리를 낸다고 해도 그것이 제기되고 판결되는 방식과는 유리된 사람들의 정치적 역량이 시야에 들어온다. 가령 여성은 여성이라는 집단에 속한다는 이유만으로 공적 담론의 장에서 자신의 의견을 대표하지 못할 수 있다. 참정권을 획득하기 전 여성들은 자신의 고충을 스스로 대표할 수 없었다. 이러한 경우 여성은 잘못된 분배, 문화적 무시와 더불어 대표 불능에 시달리는 '삼가적 집단(trivalent collectivities)'이 된다.

더 나아가 프레이저에게 정치적 참여 동등은 정의론의

그림 4-1 정치적인 것의 두 가지 위상: 정치적 대표와 참여 동등

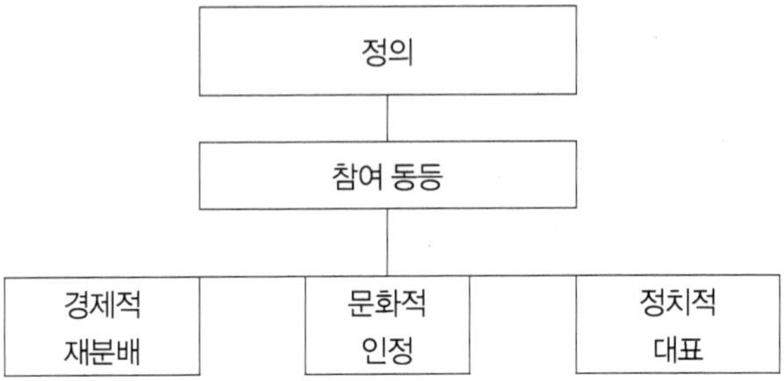

최종 목적이라는 위상을 갖는다. 가령 ≪분배냐, 인정이냐?≫에 실린 글 "정체성 정치 시대의 사회 정의(Social Justice in the Age of Identity Politics)"에서 프레이저는 문화적·경제적 차원의 정의를 정치적 참여 동등을 이루기 위한 조건으로 설명한다.

물질적 자원의 재분배는 참여 동등을 실현하기 위한 "객관적 조건"으로, 문화적 가치 인정은 참여 동등을 실현하기 위한 "상호주관적 조건"(Fraser & Honneth, 2003: 36)으로 설정된다. 잘못된 분배나 문화적 무시가 정의 문제에서 중요한 이유는 그것이 정의론의 궁극적인 목적, 즉 정의로운 민주 사회의 정치적 참여 동등을 방해하기 때문이다. 여성들의 가난과 여성성의 평가 절하는 참여 동등의

정치적 지위를 가질 수 없도록 방해한다는 점에서 부정의다. 이러한 삼차원적 정의론은 그림 4-1과 같이 구성된다.

참고문헌

이현재(2014). "여성 빈곤의 세 가지 측면: 문화적, 정치적, 경제적 빈곤–낸시 프레이저의 정의론을 중심으로". ≪한국여성철학≫, 21, 39–66쪽.

이현재(2019). "낸시 프레이저: 삼차원의 비판적 정의론". 한국철학사상연구회. ≪현대 정치철학의 네 가지 흐름≫, 227–246쪽. 에디투스.

Fraser, N.(2008a). *Scales of Justice: Reimagining Political Space in a Globalizing World.* Oxford: Polity Press. 김원식 옮김(2010). ≪지구화 시대의 정의: 정치적 공간에 대한 새로운 상상≫. 그린비.

Fraser, N.(2008b). Reframing Justice in a Globalizing World. *Adding Insult to Injury: Nancy Fraser Debates Her Critics,* pp. 273–294. Olson, K.(ed.). London: Verso. 문현아·박건·이현재 옮김(2016)."글로벌한 세상에서 정의의 틀 새로 짜기". ≪불평등과 모욕을 넘어: 낸시 프레이저의 비판적 정의론과 논쟁들≫, 423–451쪽. 그린비.

Fraser, N. & Honneth, A.(2003). *Redistribution or Recognition?: A Political–Philosophical Exchange.* London: Verso.

05
지위 모델

재분배-인정 딜레마를 극복할 변혁적 개선책을 마련하려면 정의론을 지위 모델에 따라 재구성해야 한다. 지위 모델에 따르면 잘못된 분배, 문화적 무시, 정치적 대표 불가능성이 부당한 이유는 그것이 집단 정체성에 대한 긍정적 이해를 불가능하게 하기 때문이 아니라 민주적 의사결정 과정에 참여할 수 있는 동등한 지위를 획득할 수 없게 하기 때문이다. 지위 모델에 따라 재구성된 프레이저의 비판적 정의론은 민주주의를 가장 중요한 지향점으로 삼는다.

정체성 모델에서 지위 모델로

프레이저가 재분배-인정 딜레마와 대체·물화 문제를 극복할 수 있었던 것은 정의의 문제를 궁극적으로 민주주의의 문제, 즉 참여 동등의 성취를 위한 기획으로 만든 덕분이었다. 다시 말해 비판적 정의론의 기획은 정체성 모델에서 지위 모델로 정의의 틀을 전환한 덕에 가능했다.

이러한 전환을 본격적으로 설명하기 전에 프레이저가 재분배-인정 딜레마를 극복하기 위해 제시한 변혁적 개선책을 상기해 보자. 재분배-인정 딜레마는 재분배가 계급적 집단 분화를 해체하는 방향으로 나아가는 반면 인정 정치는 집단 분화를 고수하려 한다는 점 때문에 발생한다. 이 문제를 해결할 방안을 모색하는 과정에서 프레이저는 집단 분화를 긍정하고 유지하는 재분배와 인정 개선책이 집단 정체성의 단순화뿐 아니라 적극적 조치에서 나타났듯 경멸·낙인 효과까지 가져올 수 있다고 비판했다. 여기서 긍정적 개선책은 집단 정체성의 구분을 그대로 둔다는 점에서 정체성 모델에 따른 부정의 개선책이다. 프레이저는 긍정적 개선책의 부작용을 최소화하면서 딜레마를 해결할 유일한 방법은 분배의 정치와 인정의 정치 모두에서 기존 집단 분화를 해체하는 방향으로 나아가는 것이라고 주장했다. 이것이 바로 프레이저의 변혁적 개선책이다.

이 개선책은 정체성 모델이 아니라 지위 모델과 연관된다. 지위 모델은 정치적인 것을 정의론의 제3의 측면이자 인정과 분배의 문제를 포괄하는 차원으로 설명하는 데 기초한다. 정치적 관점에서 정의는 집단 정체성에 대한 인정이 아니라 민주적 의사결정을 위한 동등한 지위가 개인에게 인정될 때만 이루어질 수 있는 것으로 상정된다. 특정 집단 정체성의 무시와 경제적 불평등은 민주적 의사결정의 동등한 지위를 현실적으로 불가능한 것으로 만든다는 점에서 부당하다. 이것이 바로 프레이저가 말하는 정체성 모델에서 지위 모델로의 전회다.

지위 종속과 지위 부정의

지위 모델에 따르면 무시는 한 집단의 정체성을 훼손해서가 아니라 그 결과로 나타나는 "지위 종속(status subordination)" 탓에 개인이 결정 과정에서 동등한 상호작용의 파트너가 되지 못하기 때문에 부당한 것이다. 즉 무시가 문제인 이유는 그것이 "집단 구성원 개별의 위상[지위], 즉 사회적 상호작용의 온전한 파트너로서의 위상[지위]"(Fraser,

2016: 211)이 보장되지 못하게 하기 때문이다. 만약 우리 문화가 여성을 열등한 존재로 가치 평가한다면 그러한 평가는 개별 여성이 사회적 상호작용에 참여할 수 없게 방해하는 지위 종속을 초래하기 때문에 잘못된 것이다. 여성 혐오는 여성의 몸이나 특정 여성의 정체성을 대상화하기 때문에 문제인 것이 아니라 그러한 문화 탓에 여성들이 사회적 상호작용의 온전한 파트너로서 지위, 개별 주체로서 지위에 손상을 입기 때문에 문제인 것이다.

지위 모델에서는 무시뿐 아니라 잘못된 분배 역시 정치적 상호작용에서 발생하는 지위 종속의 문제로 간주된다. 즉 집단에 대한 제도화된 문화적 경시뿐 아니라 자원의 결핍이나 경제적 주변화, 착취나 박탈도 상호작용에 대한 개인의 동등한 참여를 방해하는 요소라는 점에서 부정의로 이해된다. 경제적으로 빈곤한 여성들이 자신의 목소리를 낼 수 없는 경우가 많은 것은 결국 경제적 불평등이 개별 여성의 지위 종속을 초래하기 때문이다. 잘못된 분배를 치유하는 일은 결국 참여 동등의 지위를 회복하는 과정이다.

지위 정의의 우선성

프레이저는 비판이론을 지위 모델에 따라 다시 구성한다. 정체성 모델에 기반한 인정 이론가들은 긍정적인 자아 관계의 회복을 비판이론의 궁극적 과제로 삼는다. 반면 지위 모델에 기반한 프레이저는 지위 부정의라는 제도화된 부정의에 대한 비판을 우선시한다(Fraser, 2016: 506). 즉 지위 모델을 따르는 정의가 인정에서 가장 중요한 "첫 번째 미덕(virtue)"이다(Fraser, 2016: 506).

정체성 모델에 따르면 인정 욕망은 타자가 나의 정체성을 그 자체로 존중하고 평가하기를 바라는 것이다. 그러나 프레이저가 보기에 인정 욕망이 이런 의미라면 그것의 실현은 불가능하다. 정체성은 그 자체로 있는 것이 아닐뿐더러 있다 해도 자아와 타자 모두에게 완벽하게 인지되지 않기 때문이다. 이에 프레이저는 정체성 중심적이지 않은 인정의 의미를 주장한다. 즉 인정을 정체성을 만들거나 지키거나 평가하는 일로 보는 대신 "지위 종속에 대항하는 저항으로, 따라서 정의 주장으로"(Fraser, 2016: 507) 이해하자고 제안한다. 요컨대 프레이저의 비판적 정의론에서 인정이란 지위 종속을 낳는 위계적 문화를 탈제도화하고 참여 동등을 장려하는 패턴으로 교체하는 일이다. 여기서 어떤 것이 여성에게 더 좋은 인정인지는 '누가 여성인가', '여성이란 무엇인가'를 묻기보다 '어떤 것이 개별 여성들에게 더 평등한 상호작용의 지위를 부여하는가'를 물을 때 탐구될 수 있다.

참여 동등의 우선성

프레이저의 비판적 인정 이론은 "참여-이론적 정의(participation-theoretic justice)"(Fraser, 2016: 503) 개념에 기반한다. 즉 정의의 미덕과 함께 참여 동등의 원리를 우선시한다. 프레이저는 호네트와의 논쟁을 통해 이러한 이론을 발전시켰다.

호네트는 현대의 사회적 갈등이 정서적·법적·공동체적 인정의 거부 즉 무시에서 기원한다고 본다. 학대나 폭행은 신체적 불가침성을, 권리의 부정은 법적·도덕적 주체로서의 인격성을, 사회적 가치 부정은 공동체에서 가치를 갖는 존재로서의 경험을 박탈한다. 이러한 무시 경험은 긍정적인 자기관계를 훼손하며, 무시받은 인간은 자신감·자존감·자부심을 회복하기 위해 인정투쟁을 전개한다. 호네트는 이렇듯 인정 일원론에 근거해 비판이론을 전개한다.

그러나 프레이저에 따르면 호네트의 이론은 비판이론에 적합한 토양을 제공할 수 없다.

이에 대해 프레이저는 두 가지 이유를 제시한다. 하나는 호네트의 인정 일원론이 분배 부정의와 같이 현대 사회에 매우 중요한 구조적 부정의의 유형들을 파악할 수 없다는 점이다. 물론 호네트는 분배 부정의 문제 역시 인정투쟁의 틀 안에서 생각할 수 있다고 주장한다. 그러나 프레이저가 보기에 분배 부정의는 자기관계의 문제가 아니라 구조의 문제다. 다른 하나는 호네트의 인정 이론이 다양한 영역에서의 인정 유형과 그 각각에서 작동하는 규범을 제시하지만, 다양한 규범이 갈등할 때 그 모든 것에 구속력을 지니는 원칙은 제시하지 않는다는 점이다(Fraser, 2016: 518).

프레이저는 인정과 더불어 분배와 대표 문제까지 다차원적으로 고려하는 정의론을 구성하고 이 세 차원을 포괄적으로 아우르는 것이 바로 참여 동등의 차원이라고 주장한다. 즉 참여 동등은 정의론을 다차원적이게 하는 동시에 규범적으로 일원론적이게 한다. 따라서 참여 동등은 프레이저의 정의론에서 그 어떤 것보다 가장 우선시되는 정의의 규범이다.

민주적 정의론

프레이저의 정의론은 정체성 모델에서 지위 모델로의 전환을 통해 정치적 상호작용으로 이루어지는 민주적 심의 과정을 가장 중시하는 사회 이론이 된다.

> 대화식 접근은 정의의 중요한 측면들이 집단적인 의사결정을 거쳐야 한다고 강조한다. 그래서 이를 통해 정의의 중요한 측면들이 민주적 심의를 거쳐 시민 스스로에 의해 결정될 수 있다고 주장하는 것이다. 따라서 이들에게는 정의론의 문법이 변형되고 있다. 한때 '사회정의론'이라 불리던 것이 이제는 '민주적 정의론'으로 불리고 있다.(Fraser, 2016: 447-448)

참고문헌

이현재(2019a). "낸시 프레이저: 삼차원의 비판적 정의론". 한국철학사상연구회. ≪현대 정치철학의 네 가지 흐름≫, 227-246쪽. 에디투스.

이현재(2019b). ≪악셀 호네트≫. 커뮤니케이션북스.

Forst, R.(2008). First Things First: Redistribution, Recognition and Justification. *Adding Insult to Injury: Nancy Fraser Debates Her Critics,* pp. 310-326. Olson, K.(ed.). London: Verso. 문현아·박건·이현재 옮김(2016)."중요한 일부터 먼저: 재분배, 인정 그리고 정당화". ≪불평등과 모욕을 넘어: 낸시 프레이저의 비판적 정의론과 논쟁들≫, 476-502쪽. 그린비.

Fraser, N.(2008). Rethinking Recognition: Overcoming Displacement and Reification in Cultural Politics. *Adding Insult to Injury: Nancy Fraser Debates Her Critics,* pp. 129-141. Olson, K.(ed.). London: Verso. 문현아·박건·이현재 옮김(2016). "인정을 다시 생각하기: 문화 정치에서의 대체와 물화의 극복을 위하여". ≪불평등과 모욕을 넘어: 낸시 프레이저의 비판적 정의론과 논쟁들≫, 202-220쪽. 그린비.

Fraser, N.(2008). Reframing Justice in a Globalizing World. *Adding Insult to Injury: Nancy Fraser Debates Her Critics,* pp. 273-294. Olson, K.(ed.). London: Verso. 문현아·박건·이현재 옮김(2016)."글로벌한 세상에서 정의의 틀 새로 짜기". ≪불평등과 모욕을 넘어: 낸시 프레이저의 비판적 정의론과 논쟁들≫, 423-451쪽. 그린비.

Fraser, N.(2008). Prioritizing Justice as Participatory Parity: A Reply to Kompridis and Forst. *Adding Insult to Injury: Nancy Fraser Debates Her Critics,* pp. 327-346. Olson, K.(ed.). London: Verso. 문현아·박건·이현재 옮김(2016).

"참여 동등의 정의를 우선시하기: 컴프리디스와 포르스트에 대한 답변". ≪불평등과 모욕을 넘어: 낸시 프레이저의 비판적 정의론과 논쟁들≫, 503-533쪽. 그린비.

Fraser, N. & Honneth, A.(2003). *Redistribution or Recognition?: A Political-Philosophical Exchange*. London: Verso.

Honneth, A.(1992). *Kampf um Anerkennung*. Frankfurt am Main: Suhrkamp. 문성훈·이현재 옮김(2011). ≪인정투쟁≫. 사월의책.

Kompridis, N.(2008). Struggling over the Meaning of Recognition. *Adding Insult to Injury: Nancy Fraser Debates Her Critics*, pp. 295-309. Olson, K.(ed.). London: Verso. 문현아·박건·이현재 옮김(2016). "인정의 의미를 둘러싼 투쟁". ≪불평등과 모욕을 넘어: 낸시 프레이저의 비판적 정의론과 논쟁들≫, 452-475쪽. 그린비.

Olson, K.(2008). Participatory Parity and Democratic Justice. *Adding Insult to Injury: Nancy Fraser Debates Her Critics*, pp. 246-272. Olson, K.(ed.). London: Verso. 문현아·박건·이현재 옮김(2016)."참여 동등과 민주적 정의". ≪불평등과 모욕을 넘어: 낸시 프레이저의 비판적 정의론과 논쟁들≫, 379-422쪽. 그린비.

06
자본과 돌봄의 모순

프레이저에 따르면 자본주의는 자본주의 '경제'가 아니라 경제와 비경제를 포괄하는 자본주의 '사회'로 파악할 때 제대로 비판될 수 있다. 역설적이게도 자본주의 경제는 언제나 재생산이나 돌봄과 같은 비경제적 부문을 토대로 작동해 왔다. 역사적으로 자본주의적 임금 노동은 가정주부화, 가족 임금, 돌봄의 외주화와 같은 재생산 장치에 의해 추동되었다. 그러나 무제한적 자본 축적의 욕망은 시기별로 다양한 돌봄의 위기를 불러오기도 했다. 이것이 바로 자본과 돌봄의 모순이다.

돌봄 위기와 자본주의 '사회' 비판

프레이저는 한편으로는 인정·분배·대표 문제를 중심으로 비판적 정의론을 전개했고, 다른 한편으로는 돌봄의 관점에서 자본주의를 비판하는 논의를 발전시켰다. 이제 프레이저가 어떻게 돌봄과 재생산의 관점에서 자본주의 사회를 비판했는지 살펴보자.

정의론에서와 마찬가지로 돌봄 이론을 통한 자본주의 비판 이론에서도 프레이저는 교차성 페미니즘의 관점을 경유한다. 프레이저에 따르면 그동안 좌파들은 자본주의의 경제적 위기만 분석했기 때문에 기후 위기나 돌봄 위기 등 소위 '비경제적' 영역에서 나타나는 위기를 제대로 설명할 수 없었다. 따라서 그들의 이론에는 돌봄 즉 재생산 영역에 집중되어 있는 여성의 위치와 관점이 개입할 수 있는 여지가 거의 없었다. 이에 프레이저는 비판이론의 분석 대상을 자본주의적 경제와 생산노동으로만 제한해서는 안 되며, 비판이론이 돌봄과 재생산 같은 비경제적 영역까지 포함하는 '자본주의 사회'를 다뤄야 한다고 주장한다.

프레이저는 2013년에 출간한 ≪전진하는 페미니즘≫의 10장에서 좌파 이론의 "경제지상주의적 접근"(Fraser, 2017a: 317)이 페미니즘, 생태주의, 다문화주의, 탈식민주의의 풍부한 통찰을 전부 경제적인 것으로 환원해 버렸다고 비판했다. 아울러 다양한 모순들을 교차적으로 분석하려면 칼 폴라니(Karl Polanyi)처럼 자본주의 "'경제'뿐만 아니라 '사회'를 이해하는 데 필요한 비판이론"을 발전시켜야 한다고 주장한다(Fraser, 2017a: 319). 또한 2016년 발표한 논문 "자본과 돌봄의 모순"에서는 모든 형태의 자본주의가 사회 재생산의 위기를 내포하고 있다고 분석한다. 여기서 프레이저는 자본주의가 사회 재생산을 토대로 굴러가고 있음을 지적하면서 오늘날의 돌봄 결핍은 결국 자본주의 사회의 모순이 표출된 것이라고 주장한다(Fraser, 2017b: 331-332).

돌봄 위기

프레이저는 자본주의 사회에서 나타나는 "돌봄 위기(crisis of care)"에 주목한다. 프레이저에 따르면 사회적 재생산(social reproduction)이 압박당하는 상황이 바로 돌봄 위기다. 즉 돌봄 위기는 "출산하고 자녀를 돌보는 일, 친구나 가족을 돌보는 일, 가족 혹은 이보다 넓은 공동체를 유지하는 일을 비롯해서 일반적으로 관계망을 유지하는 것"이 다방

면에서 압박당하는 상황(Fraser, 2017b: 329)을 일컫는다. 프레이저는 돌봄 위기가 단순히 가정에서만 나타나는 것이 아니라 경제, 환경, 정치 등 여러 부문의 위기와 연동된다고 본다. 돌봄 위기는 모든 형태의 자본주의 사회에 배태되어 있지만, 특히 금융자본주의 구조에 깊게 뿌리박고 있다고 주장한다.

프레이저에 따르면 자본주의는 이윤 축적이라는 목적을 달성하는 데 사회적 재생산을 필요로 한다. 그러나 무제한적 축적 욕망은 자본주의를 떠받치는 돌봄과 재생산을 와해한다(Fraser, 2017b: 331). 이것이 바로 프레이저가 말하는 자본과 돌봄의 모순이다. 자본주의 사회에서 돌봄 위기는 필연적으로 나타날 수밖에 없다.

자본과 돌봄의 모순

자본과 돌봄이 어떤 방식으로 공모하고 또 충돌했는지 그 역사를 살펴보자. 프레이저는 자본주의의 역사에서 나타난 자본주의 사회를 크게 세 가지 사회 재생산·경제 체제로 구분한다. 그리고 이들 체제 각각이 돌봄의 위기에 봉착했다고 본다.

첫째는 19세기의 자유주의적 경쟁 자본주의 체제다. 이 체제의 핵심 특징을 나타내는 용어는 "주부화(housewifization)"(Fraser, 2017b: 336)다. 이 체제는 노동자들이 가정을 통해 스스로를 재생산하도록 유도하며, 생산 영역과 재생산 영역이 분리되어 있다고 가정한다. 일반적으로 남성 생계 부양자 모델이라고 불리는 이러한 체계에서 생산 영역에는 남성이 배치되며 재생산이 이루어지는 가정은 여성의 영역이 된다. 여기서 여성은 집안의 수호천사로 숭배되며, 국가는 여성보호법과 같은 장치를 통해 여성이 생산 영역에 진출하지 않아도 생존할 수 있게 한다. 그러나 임금이 낮은 가난한 노동계급에게 빅토리아 시대의 유토피아적 가정생활은 그림의 떡이었다. 즉 프롤레타리아 가족은 가난 때문에 파괴되었고 저임금 시장으로 내몰린 프롤레타리아 여성은 온전히 돌봄에 참여할 수 없었다.

둘째는 20세기의 국가 관리 자본주의 체제다. 이 체제는 포드주의를 위시한 대규모 산업 생산과 백화점이 상징하는 국내 소비주의에 토대했다. 황금기로 알려진 20세기에는 국가가 시민에게 사회 복지를 제공했다. 그 자원은 식민지에서의 징발을 통해 충당되었다. 이러한 체제하에서 재생산을 뒷받침했던 제도는 "가족 임금(family wage)"(Fraser, 2017b: 341)이다. 당시 남편 노동자는 가족 재생산 비용이라고 할 수 있는 가족 임금을 수령했다. 19세기의 재생산이 노동자가 각자 알아서 하라는 식이었다면, 20세기에 재생산은 국가가 일정 수준 관리하고 책임지는 영역이 된 것이다. 그러나 제1세계 제국주의 국가의 복지가 증대한 만큼 식민지 국민들의 삶은 피폐해졌다. 아울러 도시가 아니라 농촌에 사는 사람, 기업이 아니라 가내에서 일하는 노동자들에게는 재생산을 위한 복지가 주어지지 않았다.

셋째는 1980년대부터 두드러진 금융자본주의 체제다. 신자유주의적 지구화가 진행된 1980년대에 국가와 기업은 사회 복지에 대한 투자를 철회했다. 그 대신 금융자본주의 체제는 자국의 여성을 유급 노동력으로 끌어들이고 돌봄 노동을 외주화했다. "돌봄 노동의 외주화"와 한 쌍을 이루는 키워드는 "맞벌이 가족"(Fraser, 2017b: 345)이다. 맞벌이 가족이 규범화되면서 제1세계의 여성들은 남성과 마찬가지로 생산 영역에서 임금 노동자가 될 기회를 맞았다. 하지만 이는 어디까지나 제3세계 여성이 돌봄과 가사노동을 수행했기 때문에 가능했다. 금융자본주의는 복지 재원을 줄이고 여성을 임금 노동자로 충원하면서 실질 임금을 축소했다. 따라서 여성 노동자들은 노동 시간을 늘릴 수밖에 없었고, 돌봄 노동을 임금이 낮은 제3세계 가사노동자들에게 이전했다.

금융자본주의 체제에서 재생산은 더욱더 위기에 처한다. 생산 부문에서 숙련도가 높은 여성들은 자신의 능력을 인정받기 위해 출산과 양육을 최대한 뒤로 미루며, 급기야 과학기술에 힘입어 자신의 난자를 얼리는 상황이 연출되었다. 최근 우리나라에서도 분명하게 나타나듯 젊은 여성들은 자아실현을 위해 연애도 결혼도 출산도 아예 하지 않겠다고 선언하기도 한다. 저출생 위기뿐 아니라 돌봄 위기도 심각해진다. 코로나19 팬데믹 시기에 우리는 맞벌이 가정이 겪고 있는 심각한 돌봄 위기를 마주했다. 유럽에서는 가사노동자의 권리 투쟁이 확산하고 있다. 이들 현상은 최대한의 자본 축적을 위해 돌봄과 재생산이 더 낮은 임금을 받는 더 가난한 누군가에게 전가되고 있음을 극명하게 보여 준다.

참고문헌

이현재(2024). "낸시 프레이저의 돌봄 전환적 비판이론의 의미와 한계: '인류성의 생성과정'과 '공동체 경제'로서의 돌봄을 향하여". ≪마르크스주의 연구≫, 21(3), 34-62쪽.

홍찬숙(2017). "사회정의론에 대한 돌봄 관점의 논증". ≪한국여성학≫, 33(2), 317-327쪽.

Fraser, N.(2013). *Fortunes of Feminism: From State-Managed Capitalism to Neoliberal Crisis*. London: Verso. 임옥희 옮김(2017a). ≪전진하는 페미니즘: 여성주의 상상력, 반란과 반전의 역사≫. 돌베개.

Fraser, N.(2016). Contradictions of Capital and Care. *New Left Review*. 문현아 옮김(2017b). "자본과 돌봄의 모순". ≪창작과 비평≫, 45(1), 329-353쪽.

07
의존의 재구성

전(前) 산업 사회에서 인간이 타인과의 관계에 의존한다는 것은 부정적 의미를 띠지 않았다. 그러나 산업자본주의 사회에 이르러 국가의 보조금에 의존하는 것은 수치스러운 일이 되었다. 의존은 가족 임금으로 살아가는 가정주부에게만 허용될 수 있는 사안이었다. 그러나 맞벌이가 표준적 규범으로 자리 잡은 금융자본주의 시대에 이르러 돌봄을 전담하는 여성들의 복지 의존은 다시금 낙인이 되었다. 이에 프레이저는 돌봄 노동에 의존하고 있는 임금 노동이야말로 의존적임을 주장한다.

복지 의존

1980년대부터 본격화한 금융자본주의 시대에 맞벌이는 규범적인 가정의 모습이 되었고, 신자유주의가 확산하면서 국가는 재생산을 위한 복지를 최소화했다. 당시 미국에서는 '복지 의존(welfare dependency)'이라는 말이 낙인어가 되었다. 1980년대 이후 미국에서 빈곤과 불평등에 관한 논쟁은 '복지 의존'이라는 틀을 중심으로 전개되었다. 여기서 빈곤과 불평등을 개선하기 위한 복지 정책의 수혜자들은 게으르거나 의존적인, 따라서 비난받아 마땅한 존재로 강등되기에 이른다.

금융자본주의 시대에 복지의 수혜를 받는 한부모 여성, 기초 수급으로 살아가는 빈민들에게 좋지 않은 수식어가 따라붙기 시작한다. 노숙자의 사례를 들어 보자. 사람들은 복지 수당으로 아침에는 카페에서 빵을 사 먹고, 점심에는 도서관에 가서 책을 보다가 대학 식당에서 점심을 해결하는 이들을 가난하다고 표현하기보다 게으르고 의존적이라고 평가한다. 부양자 남성이나 임금 소득이 없어 피부양 아동의 양육을 복지 지원에 전적으로 의존하는 빈곤한 여성들에게는 흔히 '복지맘'이라는 꼬리표가 붙는다. 이 여성들은 "성욕을 억제하지 못한 어린(대체로 10대) 미혼모

흑인 여성"(Fraser, 2017a: 123)으로 낙인찍히기도 한다.

복지 의존은 "자조·자립하려는 동기를 침해하고, 오랜 기간에 걸쳐 복지 수령으로 먹고사는 이들에게 하층 계급적 심리 상태와 조건을 가중하며, 그들을 고립시키고 낙인찍히게" 하는 것으로 간주되었다(Fraser, 2017a: 120). 여기서 의존이라는 말은 중립적이지 않으며 부정적 뉘앙스를 강하게 내포한다. 의존은 가난이라는 말과 달리 객관적 조건뿐 아니라 주관적 상태도 나타낸다. 가난한 사람에 대해서는 객관적 조건이 문제시되지만 의존적인 사람에 대해서는 그의 의지가 시험대에 오른다.

이 지점에서 프레이저는 어쩌다 의존이 이렇게 부정적인 의미를 띠게 되었는지 묻는다. 원래 복지는 인간을 종속적으로 만드는가? 의존적이라는 말은 부정적이기만 한가? 프레이저는 의존이라는 용어가 지닌 의미의 다양성을 제시하고 그 용법의 계보를 재구성해 의존에 대한 고정관념을 제거하고자 한다.

의존의 계보학

일반적으로 우리는 의존을 부정적인 것으로만 간주하지

만, 프레이저의 분석에 따르면 의존은 역사적으로 다양한 뜻을 지녀 왔다.

전(前) 산업 사회에서 의존은 노동에의 종속을 의미했다. 의존과 종속은 거의 구별되지 않았다. "적어도 1688년부터 의존자란 '다른 사람의 지원·지위 등에 종속된 사람'을 의미했다."(Fraser, 2017a: 125) 그러나 당시 종속은 특별히 부정적인 것이 아니었다. 종속은 일반적인 현상이었기 때문이다. 의존과 종속이라는 말은 시종, 하인, 부하, 식민지 주민뿐 아니라 국가나 교회에 속한 거의 모든 사람에게 해당되었다. 18세기에 이르면 국가나 교회뿐 아니라 노동할 필요가 없는 상당히 부유한 사람들에 대해 '독립적'이라는 말을 사용했지만, 이들을 제외한 거의 모든 사람은 의존적(비독립적·종속적)이었다. 이때 '의존적'이란 "타인을 위해 일함으로써 자기 생계를 유지"함을 뜻했다(Fraser, 2017a: 125). 농노나 노예뿐 아니라 임금 노동자 대다수가 그러했다. 즉 노동자는 독립적인 자라기보다는 의존적인 존재로 파악되었으며, 이는 대다수 사람들의 삶의 조건이었다.

프레이저가 보여 주려 하는 것은 의존이 매우 정상적인 조건이었고, 개인적이거나 주관적인 특징이 아니라 일반적인 "사회적 관계"였다는 사실이다. 전 산업 사회에서 의존이라는 말은 경멸적 의미를 내포하지 않았다. 심지어 "서로 신뢰하고 의지하며 기댈 수 있다"(Fraser, 2017a: 126)는 긍정적인 뜻으로 쓰였고, 이로부터 '믿을 만하다(dependable)'라는 단어가 파생하기도 했다. 한편 독립은 노동으로부터 자유로운 특권적인 사람, 우월한 위치의 예외적인 사람의 상태를 의미했다.

이러한 상황이 반전된 것은 18세기와 19세기 산업 사회에 이르러서다. 대다수 사람들에게 의존이 아니라 독립이 정상적 조건으로 여겨지기 시작했다. 가령 노동자는 자신의 노동력을 스스로 자유롭게 처분할 수 있는 독립적 존재가 되었다. 시민은 자신의 이성을 통해 보편적으로 사유할 수 있는 독립적 주체가 되었다. 즉 정치적·경제적 담론의 핵심에 독립이 규범적인 시민의 상태로 자리 잡았다. 시민권을 부여받은 남성 시민 대부분은 독립적인 인간으로서 권리와 의무를 수행하게 되었다.

그럼에도 여전히 예외적으로 용인되는 의존의 적절한 형태가 있었다. 남성 노동자와 달리 가정 내 자리를 분배받은 가정주부들에게 남편에 대한 경제적 의존은 수치스러운 것이 아니었다. "의존이란 여성에게는 괜찮은 상태지만 남성에게는 수치스러운 것"(Fraser, 2017a: 128)이었다. 가정주부들은 남편의 가족 임금으로 살아가는 의존적 존재였지만 남편의 노동을 뒷받침한다는 점에서 좋은 의존자였다.

그러나 산업주의 시대의 끝자락에 이들을 제외한, 국가의 복지에 의존하는 '극빈자'는 손가락질당했다. 빈민 구제 기금으로 살아가는 이들은 독립적이지 못한, 나쁜 의존을 보여 주는 존재로 간주되었다. 이들은 독립적 임금 노동자와 대비되면서 부정적 의미의 의존을 보여 주는 아이콘이 되었다.

1890년대부터 1945년까지 미국에서는 복지와 관련한 '의존'의 부정적 용법이 본격적으로 발전했다. 이때 복지 의존은 "개인적이고 성격적인 결함"(Fraser, 2017a: 135)으로 간주되기에 이른다. 1890년대에 '의존자'는 가난의 희생자, 극빈자라는 의미로만 사용되었지만 제2차 세계대전 이후에는 '도움의 수혜자'라는 말로도 쓰이게 되었다. 1930년대 경제 공황기에 공적 지원이 절실히 필요했던 사람들은 복지 의존이라는 말이 찍는 낙인이 너무 강력해서 깊은 치욕감과 망설임 끝에 지원을 받아들일 정도였다.

산업 사회에서 가정주부의 좋은 의존과 남성 노동자 및 빈민의 나쁜 의존이 구분되면서 후자에만 경멸적 낙인이 찍혔다면, 20세기 후반 탈산업 사회에서는 좋은 의존마저 실종된다. 남녀를 불문하고 모두가 임금 노동자가 되면서 의존은 피할 수 있는 것, 피해야만 하는 것이 되었다. 이에 따라 의존하는 삶은 곧 비난받아야 하는 삶이 되어 버렸다. 남성 생계 부양자 모델이 해체되면서 전업주부의 심리적 의존도 비판받기에 이르렀다. 또한 약물 의존, 알코올 의존, 의존적 성격 장애 등의 개념이 등장하면서 '의존'이라는 용어가 지닌 부정성이 더욱 강화되었다. 당시 강력하게 부상한 페미니즘 역시 여성의 독립을 규범적 상태로 주장하면서 전업주부로서의 삶을 비판했다.

1970년대에 복지 수당으로 생계를 꾸리는 흑인 가모장은 국가와의 관계에서 완전히 의존적인 존재로 재현되었고, 1980년대에 10대 미혼모는 복지 함정에 빠진 이로 재현되었다. 복지 의존은 마치 중독처럼 취급되었다. 보수주의자들은 복지가 인간을 심리적 의존 상태에 빠뜨린다고 주장하면서 복지맘들이 일해야 한다고 주장하기 시작했다. 최근 몇십 년간 미국은 복지 의존이 극빈자의 잘못된 문화라는 생각으로 점철되고 있다. 여기서 빈곤하고 의존적인 사람들은 단지 가난하기만 한 것이 아니라 심리적으로 의존적인, 무언가 잘못된 심리를 지닌 사람들로 간주된다.

이렇듯 전 산업 사회에서 남을 위해 일하며 자신의 생계를 꾸리는 것을 뜻했던 의존은 오늘날 자선이나 복지 지원에 의존하는 부정적 삶을 의미하게 되었다. 오늘날 의존적이지 않은 것은 오직 임금 노동에 의한 생계유지뿐이다.

프레이저에 따르면 자본주의가 부상하기 전까지 모든 형태의 노동은 상호 의존하는 그물망에 얽혀 있었다. 따라서 의존은 부정적인 상태가 아니었으며, 가정에서 이루어지는 여성의 노동 또한 가치 있는 것으로 인정받았다. 그러나 오늘날 금융자본주의 사회에서 노동이란 복지나 자선으로부터 자유로운 바람직한 것이며, 다른 이의 임금이나 복지에 의존하는 가사노동자나 전업주부는 완전히 평가절하된다. 따라서 모든 사람은 의존에 기반한 재생산이나 가사노동을 넘어 독립적인 임금 노동자가 되어야 한다.

그러나 여기서 프레이저는 정말 임금 노동자들이 '독립적'인지 되묻는다. 팻 고언스(Pat Gowans)의 논문을 인용하면서 정말 의존적인 것이 누구인지 생각해 보자고 제안한다. 계급이나 교육 수준에 상관없이 대다수의 어머니는 임금 외 다른 수입에 의존한다. 그들은 자녀 지원 수당을 받기도 하고, 남편이 벌어 오는 임금에 의존하기도 한다. 가사노동과 양육노동을 하지만 임금을 받지는 못한다. 그러나 이러한 어머니의 "무임금 노동에 의존하는 아버지야말로 '의존자'임을 우리는 더욱 정확히 정의해야 한다"(Fraser, 2017a: 156에서 재인용). 복지국가에서 비난받고 있는 싱글맘 역시 재평가되어야 한다. 그들은 양육, 살림 등 독립적인 삶의 활동을 하고도 임금을 받지 못했을 뿐이다. 사회는 그들의 재생산노동에 임금을 지불하지 않는다. 하지만 사회는 그들의 재생산노동에 힘입어 재생산된 노동자들에 의해 굴러간다. 따라서 국가는 오히려 그들의 노동에 의존하고 있다.

더 나아가 프레이저는 의존을 종속이 아니라 관계로 해석한다. 재생산과 돌봄은 종속이 아니라 인간이 맺는 사회적 관계의 시작이다. 누구도 돌봄이라는 의존 관계 없이는 생존할 수 없다. 이런 맥락에서 의존은 나쁜 것이 아니라 존재의 조건이다. 프레이저가 이렇게 의존을 새롭게 해석하는 이유는 그가 돌봄을 부정적 의미에서의 의존으로부터 떼어 내고자 하기 때문이다. 돌봄은 생산하는 자를 돕는다. 따라서 관계를 만들어 내는 돌봄은 종속적이지 않으며, 임금이 지급되어야 한다. 오히려 종속적인 것은 임금 노동이다. 기존 생산노동은 자신의 돌봄 의존성을 인정해야 한다. 프레이저가 인용하는 고언스의 문구를 다시 살펴보자.

> 돌봄 노동이 가치를 인정받고 임금이 지불될 때, 의존이 창피한 단어가 아니게 될 때, 상호 의존이 규범이 될 때, 그때 비로소 우리는 가난을 줄여 나갈 수 있을 것이다.(Fraser, 2017a: 156에서 재인용)

의존과 독립, 일과 돌봄이라는 이분법을 넘어서는 사회를 어떻게 만들 수 있을까? 복지의 수혜자에게 낙인을 찍지 않는 사회는 어떻게 가능한가? 프레이저는 의존을 바람직한 것으로 만드는 사회의 비전, 보편적 돌봄 모델을 통해 이 질문에 구체적으로 답한다.

참고문헌

이현재(2024). “낸시 프레이저의 돌봄 전환적 비판이론의 의미와 한계: ‘인륜성의 생성과정’과 ‘공동체 경제’로서의 돌봄을 향하여”. ≪마르크스주의 연구≫, 21(3), 34-62쪽.

홍찬숙(2017). “사회정의론에 대한 돌봄 관점의 논증”. ≪한국여성학≫, 33(2), 317-327쪽.

Fraser, N.(2013). *Fortunes of Feminism: From State-Managed Capitalism to Neoliberal Crisis*. London: Verso. 임옥희 옮김(2017a). ≪전진하는 페미니즘: 여성주의 상상력, 반란과 반전의 역사≫. 돌베개.

Fraser, N.(2016). Contradictions of Capital and Care. *New Left Review*. 문현아 옮김(2017b). “자본과 돌봄의 모순”. ≪창작과 비평≫, 45(1), 329-353쪽.

08
보편적 돌봄 제공자 모델과 돌봄 전환

돌봄 위기와 젠더 불평등을 어떻게 극복해야 할까? 세 가지 해결책을 생각해 볼 수 있다. 하나는 모든 젠더가 임금 노동자가 되는 보편적 생계 부양자 모델이다. 그러나 이는 돌봄의 가치를 다시 평가 절하할 수 있다. 다른 하나는 돌봄 노동자에게 임금 노동자 수준의 대가를 제공하는 동등한 돌봄 제공자 모델이다. 이 역시 돌봄을 여성의 일로 만들 가능성이 크다. 따라서 프레이저는 모두가 돌봄 제공자가 되는 보편적 돌봄 제공자 모델을 대안으로 제시한다. 프레이저는 돌봄을 긍정적이고 규범적인 사회적 관계로 보는 돌봄 사회로의 전환을 통해서만 돌봄 위기와 젠더 불평등을 변혁적으로 극복할 수 있다고 본다.

탈산업자본주의 시대의 젠더 불평등

탈산업 사회에 이르러 맞벌이가 표준이 되어 가고 있다. 탈산업자본주의 노동 시장에서 한 명이 벌어서 가족을 부양할 수 있는 수준의 일자리는 매우 제한적이다. 임시직과 비상근직도 늘어나는 추세며, 복지 기준을 이행하는 업체는 몇 개 되지 않는다. 모두가 밖에 나가 일해야 하는 시대에 사회적 재생산은 누가 담당하고 있는가? 많은 임금을 받는 사람들은 가사노동자를 고용하겠지만 대부분은 유아원, 유치원, 학교, 방과 후 학교 등 공적 위탁 시설의 도움을 받는다.

2020년 코로나19 팬데믹이 터지자 전염에 취약한 공적 시설들은 잠시 문을 닫았고, 돌봄은 그야말로 아수라장이 되었다. 이때 한국여성노동자회는 여성들을 대상으로 돌봄과 관련된 설문 조사를 했다. 조사 결과에 따르면 응답자의 56.2퍼센트가 코로나 위기 이후 돌봄이 증가했다고 답했으며, 여성 노동자의 33.5퍼센트가 독박 돌봄을 한다고 답했다(한국여성노동자회, 2020). 이는 아무리 맞벌이가 일반화했어도 여전히 가사와 돌봄은 여성의 몫이 되고 있음을 시사한다. 산업자본주의 시대처럼 여성들에게 가족임금이나 돌봄 수당을 지급한다고 해도 이 문제는 풀리지 않을 것이다. 여성을 복지의 수혜자로 만든다면 여성에게 복지 의존자라는 낙인이 찍힐 것이기 때문이다. 천정부지로 오르는 집값을 수당으로 메울 수도 없다. 이에 여성들은 오히려 연애나 결혼, 나아가 출산을 포기하기를 택하고 있다. 우리 사회는 2024년 합계출산율 0.74명이라는 숫자 앞에서 당황하고 있지만 어떻게 생산과 재생산이 함께 잘 굴러가는 사회를 만들 것인지에 대해서는 충분히 논의하지 않고 있다.

프레이저에 따르면 미국 역시 신자유주의 때문에 젠더 정의가 실현되지 못하고 있다. 프레이저는 젠더 문제와 관련한 미국의 정책 방향을 반동적 신자유주의(reactive neoliberalism)와 진보적 신자유주의(progressive neoliberalism)로 구분한다. 전자는 인정과 분배 두 측면 모두에서 반동적인 흐름을 일컫고, 후자는 인정 정치로만 젠더갈등을 해결하려는 시도를 의미한다(Fraser, 2021). 두 방향 모두 집단 구분을 그대로 두는 방식의 긍정적 개선책이라고 할 수 있다. 두 방향 모두 분배 문제를 경시해 결과적으로 특정 계급에 속한 여성들만 젠더 해방의 자유를 누릴 수 있게 한다. 셀러브리티와 CEO 여성들이 이끌고 있는 미국의 신자유주의 페미니즘 물결 역시 '일-가족 양립'과 '행복'을 주장하지만 실질적으로 가사노동자의 도움을 받을 수 있는 고임금 여성들에게만 해방의 기회가 주어진다(Rottenberg, 2018). 즉 가사노동을 외주화할 수 있는 여성들만이 모든 젠더가 평등한 방식으로 돌봄 위기를 벗어날 수 있다. 그렇다면 여성들 대부분이 돌봄 위기를 극복할 방법은 없는 것인가? 페미니스트들은 어떤 정책 방향을 제시해 왔는가?

보편적 돌봄 제공자 모델

자본주의 국가의 정책은 탈산업 사회에서 어떻게 젠더 정의를 추구할지를 놓고 세 가지 서로 다른 모델을 제안해 왔다. 프레이저는 이들 모델을 각각 보편적 생계 부양자 모델, 동등한 돌봄 제공자 모델, 보편적 돌봄 제공자 모델이라고 부른다. 각각의 모델의 특징을 살펴보면서 왜 프레이저가 보편적 돌봄 제공자 모델을 주장하는지 살펴보자.

보편적 생계 부양자 모델(universal breadwinner model)은 여성 고용을 증진해 모두가 각자의 생계를 부양하게 함으로써 젠더 정의를 실현하려는 모델이다. 한마디로 남성의 역할을 여성도 맡게 하려는 방향이다. 이 모델의 가장 큰 장점은 여성도 공적 영역에서 생산을 담당하는 "시민-노동자"(Fraser, 2017b: 175)가 될 수 있다는 것이다. 여성이 더 이상 가정에 속한 존재가 아닐 수 있게 된다. 이때 여성이 수행하던 돌봄 영역을 대신하는 것은 탁아와 노인 돌봄 등의 국가 서비스다.

이 모델이 성공하려면 여성이 가정생활이 아니라 취업을 욕망할 수 있도록 유도하는 정책과 더불어 여성에 대한 남성의 기대치를 조절하는 문화 정책이 필요하다. 하지만 무엇보다 중요한 것은 탁아나 노인 돌봄과 같은 공적 서비스가 저임금 유색인 여성들에 의해서만 수행되지 않도록 돌봄 노동에 대한 평가 절하를 시정하는 것이다.

프레이저는 이 모델이 현실성 없다고 본다. 이 모델이 실현되려면 모든 사람이 일할 수 있도록 일자리가 대량으로 창출되어야 하는데 탈산업 사회에서 질 좋은 일자리는 오히려 줄고 있기 때문이다. 이러한 조건에서 보편적 생계부양자 모델이 추진된다면 여성과 남성은 제한된 일자리를 두고 경쟁하게 될 뿐이다. 경쟁에서 실패한 가족 대다수는 빈곤에서 벗어나지 못한 채 돌봄의 사각지대에 놓일 것이다.

한편 동등한 돌봄 제공자 모델(equal caregiver model)은 여성들에게 가정 밖으로 나가라고 굳이 권유하지 않는다. 오히려 가정 안에서 비공식 돌봄 노동을 수행하는 여성들에게 사회가 제대로 된 임금을 제공할 것을 제안한다. 이 모델은 남성과 여성의 삶을 동일하게 만들기보다 그 차이를 유지하는 방식을 취한다. 이 모델의 가장 큰 장점은 사회가 돌봄 노동에 대한 대가를 지불한다는 것이다. 산업자본주의 시대 남성 노동자의 임금에 여성 재생산과 관련된 수당을 제공했던 것도 그 일환이라고 할 수 있다. 물론 돌봄 노동을 담당하는 여성들에게 수당을 직접적으로 지불하는 최근의 정책들도 있다. 후자의 경우에는 돌봄 노동자에게 상근직과 같은 수준의 임금을 제공함으로써 돌봄이 생산에 비해 중요성이 덜한 노동이 아니라 사회적으로 꼭 필요한 노동임을 보여 주려 한다.

그러나 동등한 돌봄 제공자 모델은 여성의 주변화를 막지 못한다. 여전히 여성이 시민 사회에 참여할 기회가 적다. 돌봄이 가치를 재평가받겠지만 결국 돌봄 노동은 또 다시 여성들이 맡게 될 가능성이 높기 때문이다. 이 모델은 여성으로 하여금 가정에 있도록 유도할 뿐 아니라 여성들이 유연 근무를 하도록 촉구한다. 소위 '마미 트랙'은 여성들이 육아 등을 위해 출퇴근 시간을 유연하게 조정할 수 있도록 하지만 결국 이 여성들의 승진 기회는 제한된다. 따라서 여성은 다른 상근직 남성에 비해 적은 임금을 받을 수밖에 없다.

이에 프레이저는 보편적 돌봄 제공자 모델(universal

caregiver model)을 대안으로 제시한다. 이 모델은 여성을 남성처럼 만드는 대신 "남성을 지금의 대다수 여성처럼 되도록 유도"(Fraser, 2017b: 189)하는 기획이다. 즉 이 모델은 남성이 합당한 몫의 돌봄 노동을 분담하게 해 돌봄 노동의 가치를 평가 절상하고, 나아가 인정과 분배 모두에서 젠더평등을 달성하고자 한다. 또한 이 모델은 여성과 남성의 역할 구분을 없앤다는 점에서 긍정적 개선책이 아니라 변혁적 개선책이다. 이 모델은 시민 모두가 노동자일 뿐 아니라 돌봄 제공자여야 함을 분명하게 주장한다.

> 모든 일자리는 돌봄 제공자인 동시에 노동자인 사람들을 위한 방식으로 고안될 것이다.(Fraser, 2017b: 190)

이 모델은 돌봄을 사회 서비스에만 맡기려 하지 않는다. 상당수의 비공식적 노동은 공적 지원을 받아야 하며, 공식적 돌봄 서비스도 제공되어야 한다. 그러나 돌봄 지원은 전적으로 국가나 지방자치단체 차원에서만 이루어지지 않는다. 돌봄은 시민 사회 공동체에서 수행되기도 하며, 친척에 의해 수행될 수도 있다. 그러나 어떤 경우에도 시민은 노동 가능한 동시에 돌봄을 제공할 수 있는 존재로 교육되어야 한다.

존 윌리엄스(Joan Williams)는 프레이저의 보편적 돌봄 제공자 모델을 지지하면서 더욱 구체적인 정책을 제시한다. 가령 윌리엄스는 남성에게도 육아를 분담시킬 수 있는 기업의 정책을 장려함으로써 남성도 돌봄 수행에 책임이 있는 자임을 분명히 해야 한다고 주장한다. 가령 성과 평가의 원칙과 기준은 돌봄과 관련해 재정비되어야 하며, 부부 모두가 100퍼센트 유급의 육아 휴직을 사용할 수 있도록 해야 한다. 노동 시간을 단축하거나 강제적 회식을 금지하는 문화가 도입되어야 한다.

돌봄 사회로의 전환

프레이저는 우리 사회 전반이 생산이나 성장보다 관계와 생명 돌봄을 중심으로 다시 계획되어야 한다고 주장한다. 즉 사회적 재생산 전반이 돌봄을 기초로 재구성되어야 한다고 강조한다. 이것이 바로 돌봄 혁명 혹은 돌봄 사회로의 전환이다.

돌봄 사회는 인간이 처음부터 의존적임을 인정한다. 인간이 돌봄의 그물망 안에서 살아간다는 것은 종속된다는 것이 아니라 서로를 돌보는 사회적 관계를 맺음을 뜻한다.

이러한 관계를 회복하려면 모두가 생계 부양자가 되기보다 돌봄 제공자가 되어야 한다. 독립보다 관계를 우리 삶의 기본 양상으로 삼아야 한다. 프레이저는 이러한 돌봄 사회에서 비로소 인정과 분배의 젠더 정의가 실현될 수 있다고 본다.

프레이저의 이러한 주장은 독일을 중심으로 확산하고 있는 더 케어 컬렉티브의 돌봄 선언에 상당한 영향을 미쳤다. 이 선언은 돌봄 사회로의 전환만이 우리를 돌봄 위기로부터 구할 수 있다고 주장한다. 이 선언에서 돌봄은 "사회적 역량이자, 복지와 번영하는 삶에 필요한 모든 것을 보살피는 사회적 활동"이다. 돌봄을 중심에 놓는다는 것은 "우리의 상호 의존성(interdependency)을 인지하고 포용하는 것을 의미"(더 케어 컬렉티브, 2021: 17)한다.

참고문헌

낸시 프레이저·친지아 아루짜·티티 바타차리야 지음, 박지니 옮김(2020). ≪99% 페미니즘 선언≫. 움직씨.

더 케어 컬렉티브 지음, 정소영 옮김(2021). ≪돌봄 선언: 상호의존의 정치학≫. 니케북스.

이현재(2022). “도나 해러웨이의 포스트휴먼 페미니즘과 난잡한 돌봄 공동체”. ≪한국여성철학≫, 37, 27-60쪽.

이현재(2024). “낸시 프레이저의 돌봄 전환적 비판이론의 의미와 한계: ‘인륜성의 생성과정’과 ‘공동체 경제’로서의 돌봄을 향하여”. ≪마르크스주의 연구≫, 21(3), 34-62쪽.

한국여성노동자회(2020.10.16.). “코로나19가 여성의 노동에 미친 영향”. ≪오마이뉴스≫. https://www.ohmynews.com/NWS_Web/View/at_pg.aspx?CNTN_CD=A0002684665

Fraser, N.(2013). *Fortunes of Feminism: From State-Managed Capitalism to Neoliberal Crisis.* London: Verso. 임옥희 옮김(2017a). ≪전진하는 페미니즘: 여성주의 상상력, 반란과 반전의 역사≫. 돌베개.

Fraser, N.(2016). Contradictions of Capital and Care. *New Left Review.* 문현아 옮김(2017b). “자본과 돌봄의 모순”. ≪창작과 비평≫, 45(1), 329-353쪽.

Fraser, N.(2019). *The Old Is Dying and the New Cannot Be Born.* Verso Books. 김성준 옮김(2021). ≪낡은 것은 가고 새것은 아직 오지 않은: 신자유주의 헤게모니의 위기 그리고 새로운 전망≫. 책세상.

Rottenberg, C.(2018). *The Rise of Neoliberal Feminism.* Oxford: Oxford University Press.

09
식인 자본주의와 전환의 정치

자본주의 경제가 무제한으로 축적 욕망을 추구할 때 이를 떠받치는 사회적 재생산과 생태적 재생산은 위기에 봉착한다. 이런 점에서 자본주의는 스스로 제 살을 깎아 먹는 식인 자본주의다. 이를 넘어서려면 사회적 재생산을 중심에 두는 사회, 생태적 관계를 회복하는 사회, 탈식민을 통해 수탈을 막는 사회로의 전환이 필요하다. 이러한 전환의 정치는 비경제적인 것과 경제적인 것 그리고 비경제적인 다양한 층위들이 얽혀 있음에 주목한다. 더 나아가 전환의 정치는 비경제적인 것 안에서 자본주의의 위기를 극복할 가능성을 찾고자 한다.

식인 자본주의

프레이저는 오늘날 새로운 비판이론의 모델을 만들기 위해서는 자본주의를 경제가 아니라 여러 모순들이 얽혀 있는 사회로 해명해야 한다고 강조한다. 자본주의는 자본주의 경제에만 국한되는 것이 아니라 자본주의 경제를 가능케 하는 조건을 포함하는 "자본주의 **사회**"(Fraser, 2023: 55)로 이루어지기 때문이다.

최근작 ≪좌파의 길≫에서 프레이저는 기존 자본주의 비판이 경제와 상품 생산, "생산 영역에서 벌어지는 노동을 둘러싼 투쟁을 특권화"(Fraser, 2023: 30)했기 때문에 자본주의 생산을 가능케 하는 돌봄과 재생산 등 비경제적 영역의 위기를 명쾌하게 설명하지 못했다고 지적한다. 비판이론이 자본주의 사회의 전반적 위기를 분석할 수 있으려면 "금융 등의 공식 경제뿐만 아니라 지구 온난화, '돌봄 결핍', 광범위한 공적 권력의 유명무실화와 같은 '비경제적' 현상까지 포괄하는 다차원적 위기"(Fraser, 2023: 29)를 고려하는 새로운 이론으로 거듭날 필요가 있다.

이렇듯 프레이저는 비판이론이 사회의 다차원적 위기를 고려할 때 비로소 돌봄 위기에 주목할 수 있다고 본다. 프레이저에 따르면 오늘날 자본주의가 그 한계를 모르고 권력을 확장할 때 자본주의적 생산의 토대로서 사회적·생태적 재생산 영역이 무너진다. 이는 다시 생산의 위기로 이어진다. 이런 맥락에서 돌봄 위기는 자본주의가 자신을 유지시키는 재생산 영역을 먹어 치우는 "제 살 깎아 먹기(cannibalization)"(Fraser, 2023: 37)의 체계임을 극명하게 보여 준다.

가령 노동 시장에서의 과도한 경쟁은 돌봄 노동의 폄하나 출생률 저하를 초래한다. 이는 결국 자본주의적 상품 생산에 필요한 노동자가 부재하게 한다. 자본주의는 자신의 토대가 무너지는 줄도 모르고 노동을 착취한다. "종속되고 소수자화한 사람들의 부를 지속적으로 강제 탈취"할 뿐 아니라 식민지 자연을 수탈한다. 이는 결국 재생산 위기와 생태 위기를 초래한다. 따라서 자본주의는 제 살을 깎아 먹는 식인 자본주의다.

전환의 정치

≪좌파의 길≫에서 프레이저는 자본주의를 협소한 의미의 '자본주의 경제'가 아니라 사회적·생태적 재생산을 고려하는 '자본주의 사회'로 재개념화할 방법으로 네 가지

인식적 전환을 제시한다.

그중 첫째는 상품 생산에서 사회적 재생산으로의 전환이다. 자본주의는 새로운 세대의 노동자를 시장과 생산 영역의 바깥, 즉 가정과 지역 사회 그리고 학교 등의 공공기관에서 재생산한다. 따라서 자본주의 분석은 상품 생산의 필수 배경 조건인 사회적 재생산에 초점을 맞춰야 한다.

프레이저에 따르면 "새로운 세대의 노동자를 생산해 인원을 보충할 뿐만 아니라 사회적 유대와 공동 인식을 유지하는 데 기여하는 가사, 육아, 학교, 정서적 돌봄" 등의 재생산 영역이 존재하지 않는다면 자본주의 임금 노동은 유지될 수 없다. "'시초 축적'과 마찬가지로, '사회적 재생산'은 상품 생산의 필수 배경 조건이다."(Fraser, 2023: 41) 다시 말해 비경제적 영역 또는 자본 축적과 직접적 관계가 없는 돌봄 영역은 자본주의 생산의 "조건"으로서 자본주의와 함께 존재하고 있다. 즉 생산은 재생산 없이는 존재할 수 없으며, 경제적 영역은 비경제적 영역 없이는 돌아갈 수 없다. 이는 궁극적으로 "자본주의의 뚜렷한 경제적 특징이 '비경제적' 배경 조건에 의존함"(Fraser, 2023: 54)을 보여 준다.

둘째는 경제에서 생태로의 전환이다. 프레이저에 따르면 자연은 처음부터 자본을 위한 자원 즉 자본주의 생산과 자본 축적의 필수 배경 조건이었다. 따라서 자본주의 경제 분석에는 사회적 재생산 외에도 생태 재생산과 돌봄이 반드시 함께 고려되어야 한다.

이전과 달리 프레이저는 ≪좌파의 길≫에서 인간 사회를 넘어 비인간과의 관계까지 고려한다. 프레이저에 따르면 상품 생산은 사회적 재생산노동과 더불어 자연 수탈을 조건으로 한다. 자본주의는 자연을 생산에 필요한 투입물을 뽑아낼 "수도꼭지"로 이용할 뿐 아니라 쓴 것을 버리는 "하수구"로도 이용한다.

프레이저에 따르면 역사유물론의 연구 대상으로서 '자연' 개념에는 이미 "인간적 요소와 비인간적 요소가 벌이는 물질적·대사적 상호작용이 늘 이미 각인되어 있다". 여기서 자연은 이미 "인간 역사와 얽혀 있고 인간 역사에 의해 형태가 만들어진, 또한 인간 역사의 형태를 만드는 자연"이다(Fraser, 2023: 177). 이런 맥락에서 프레이저는 재생산 또는 돌봄으로의 전환과 관련해 전에 없던 포스트휴먼 관점을 장착한다.

셋째는 경제에서 정치적인 것으로의 전환이다. 프레이저는 근대 이후 자본주의가 소유 관계를 명확히 하는 법률과 일국의 정책에 의해 뒷받침되어 왔다고 주장한다. 따라서 비판이론은 정치적인 것에 관심을 기울여야 한다.

자본주의는 외관상 탈정치화한 듯하지만 자본주의의 기초를 잡아 준 것은 영토국가의 법률 시스템이었다. 자본주의적 소유 관계를 공고히 하기 위해 '정당한 폭력'을 동원한 것은 영토국가였다. 물론 오늘날에는 초국가적 정치 역시 자본주의 경제를 떠받치고 있다. 전 지구적 패권국은 국제법, 강대국 간 합의, 초국가적 체계의 원칙을 정립하는 데 핵심적인 역할을 수행하고 있다.

넷째 전환으로 프레이저는 착취뿐 아니라 수탈을 고려해야 한다고 주장한다. 대개 수탈은 전(前) 자본주의적이라고 여겨진다. 그러나 식민지 수탈, 불법 체류자 수탈, 인종주의적 수탈은 자본주의 사회에서 특정한 지배 양식을 강화해 왔다(Fraser, 2023: 40-53). 다시 말해 자본주의가 노동자의 잉여 노동을 착취해 왔을 뿐 아니라 여성의 노동과 식민지 자원을 수탈해 왔음을 고려해야 한다.

이 모든 것은 사회가 단순히 경제에 의해서만 굴러가지 않음을 보여 준다. 자본주의 사회는 재생산, 생태적 조건, 정치적인 것, 전 자본주의적 수탈 등 자본주의적 경제와 관계없다고 여겨지는 요소들과의 다층적 중첩 속에서 굴러간다.

교차성 이론

네 가지 인식 전환은 프레이저가 교차성 페미니즘을 핵심 방법론으로 채택하고 있음을 분명히 드러낸다. 프레이저는 자본주의 사회에서 다양한 측면들의 얽힘을 보는 일이 사회 분석에 매우 중요하다고 강조한다. 즉 다차원적 불평등이 만들어 내는 "얽힘의 사례들"(Fraser, 2023: 177)을 분석할 때 자본주의 사회를 더 잘 볼 수 있다고 주장한다.

가령 프레이저에 따르면 "사회적 재생산은 생태적 재생산과 긴밀하게 얽혀 있다"(Fraser, 2023: 171). 인간의 생활터전을 생태계가 떠받치고 있기 때문이다. 생태계가 파괴되면 사회적 돌봄이 위험에 빠지고 나아가 돌봄이 지탱하는 생계와 사회관계 역시 위험에 빠진다. 가령 반다나 시바(Vandana Shiva)는 대기업의 공장이 인도의 농촌에 들어오면서 이루어진 생태계 파괴가 농사를 주업으로 삼던 여성들의 생계를 위협했을 뿐 아니라 농사를 짓지 못하게 된 여성들이 공장에 취업해 낮은 임금을 받으면서 사회적 재생산이 위기를 맞이했음을 보여 주었다. 그뿐 아니라 자연 수탈과 생태 위기는 돌봄 위기와 얽혀 있다. 도시화 탓에 인간과 동물의 간격이 좁혀지면서 대대적으로 확산한 코로나19 팬데믹으로 인해 아이들이 어린이집이나 학교에 가지 못하게 되자, 우리 사회는 돌봄 결핍이라는 사회적 위기를 경험했다. 이는 궁극적으로 생산하는 노동자의 결핍으로 나타나기도 했다.

이렇게 다양한 차원이 얽히면서 위기가 형성되고, 자본주의 사회가 다차원적으로 고찰되면서 건설업에 종사하는 노동자뿐 아니라 돌봄을 수행하는 서비스 노동자 그리고 생태 활동가들이 사회 변화를 위한 운동에 함께하게 된다. 프레이저는 ≪좌파의 길≫에서 기존 좌파 운동이 사회 변화를 이끄는 '노동계급'에 "건설 노동자만이 아니라 돌봄 제공자와 서비스 노동자가 포함"(Fraser, 2023: 211)된다는 사실을 제대로 보지 못했다고 지적한다. 프레이저에 따르면 돌봄을 위한 공적 지원이 사라져 가는 신자유주의 금융자본주의 사회, 탈산업 사회에서 노동 운동의 주체는 바로 돌봄 노동자들이다. 이들은 식인 자본주의가 자신을 지탱하는 재생산노동을 얼마나 착취하는지 비판할 수 있을 뿐 아니라, 돌봄을 회복할 때 자본주의의 위기가 제대로 극복될 수 있음을 인식하고 있다.

참고문헌

낸시 프레이저·친지아 아루짜·티티 바타차리야 지음, 박지니 옮김(2020). ≪99% 페미니즘 선언≫. 움직씨.

더 케어 컬렉티브 지음, 정소영 옮김(2021). ≪돌봄 선언: 상호의존의 정치학≫. 니케북스.

이현재(2024). "낸시 프레이저의 돌봄 전환적 비판이론의 의미와 한계: '인륜성의 생성과정'과 '공동체 경제'로서의 돌봄을 향하여". ≪마르크스주의 연구≫, 21(3), 34-62쪽.

Fraser, N.(2013). *Fortunes of Feminism: From State-Managed Capitalism to Neoliberal Crisis*. London: Verso. 임옥희 옮김(2017a). ≪전진하는 페미니즘: 여성주의 상상력, 반란과 반전의 역사≫. 돌베개.

Fraser, N.(2016). Contradictions of Capital and Care. *New Left Review*. 문현아 옮김(2017b). "자본과 돌봄의 모순". ≪창작과 비평≫, 45(1), 329-353쪽.

Fraser, N.(2019). *The Old Is Dying and the New Cannot Be Born*. Verso Books. 김성준 옮김(2021). ≪낡은 것은 가고 새것은 아직 오지 않은: 신자유주의 헤게모니의 위기 그리고 새로운 전망≫. 책세상.

Fraser, N.(2022). *Cannibal Capitalism: How our System is Devouring Democracy, Care, and the Planet - and What We Can Do About It*. London: Verso. 장석준 옮김(2023). ≪좌파의 길: 식인 자본주의에 반대한다≫. 서해문집.

10
99퍼센트 페미니즘 선언

프레이저는 사회주의 페미니즘, 에코 페미니즘의 관점에서 99퍼센트의 페미니즘을 구성한다. 99퍼센트 페미니즘에 따르면 대다수 여성의 위기는 다층적으로 얽혀 있는 자본주의 사회의 위기다. 가령 여성들은 자본주의 기업에 땅을 빼앗기거나 저임금 노동에 시달릴 뿐 아니라 길어진 노동 시간으로 인한 돌봄 위기에 노출된다. 대기업과 대규모 농장화는 가난한 여성들의 땅을 피폐하게 한다. 따라서 페미니즘은 다층적 억압에 시달리는 약자들과의 연대를 지향해야 한다.

신자유주의 페미니즘 비판

프레이저는 미국 언론이 통상 페미니즘이라고 칭하는 흐름을 북반구의 전문직, 관리자 계층에 토대를 둔 "자유주의 페미니즘(liberal feminism)"(프레이저 외, 2020: 44)이라고 부른다. 그러나 이는 페미니즘 1세대의 정치적 자유주의와는 다르다. 계몽주의와 프랑스 혁명 이후에도 여성들에게는 참정권이 부여되지 않자 더 이상 참지 못한 여성들은 그 유명한 '서프러제트(suffragette)'라는 저항 운동을 벌였다. 여성도 동일한 교육이 주어지면 미몽에서 깨어나 이성을 사용할 수 있게 되며, 따라서 여성을 온전한 법적·도덕적 주체로 인정해야 한다고 주장한 것이 여성주의 역사 내에서의 자유주의 페미니즘이다.

이 흐름과 달리 프레이저가 자유주의 페미니즘이라고 부르는 최근의 흐름은 '유리천장 깨기', '임파워링(empowering)' 등을 주요 이슈로 삼는다. 언뜻 이 흐름은 여성 차별을 규탄하면서 여성의 능력 향상에 중점을 둔 1세대 자유주의 페미니즘과 다를 바 없어 보인다. 그러나 실상 이 흐름은 대다수 여성의 자유와 자율권을 향상하는 일에는 큰 관심이 없다. 프레이저에 따르면 최근 미국에서 두드러지는 자유주의 페미니즘의 "진짜 목적은 평등이 아니라 실력주의다”(프레이저 외, 2020: 45). 따라서 이 흐름은 여성 개인의 출세에 대한 열광으로 이어진다. 멋있는 여성 CEO나 정치인을 롤 모델로 삼는 자유주의 페미니즘은 신자유주의를 완벽하게 정당화한다.

이 흐름의 가장 큰 문제는 신자유주의의 위계적 경쟁 체제 자체를 손봐 대다수 여성들의 삶의 조건을 향상하는 데에는 관심이 없다는 것이다. 그 대신 경쟁에서 이길 수 있는 소수의 여성이 높은 자리에 앉아 같은 계층의 남성과 동일한 임금을 받을 수 있게 하는 데 몰두한다. 즉 자유주의 페미니즘은 신자유주의적 경쟁이라는 틀 자체를 문제 삼을 생각이 없다. 이런 맥락에서 캐서린 로텐버그(Catherine Rottenberg)는 이 흐름을 “신자유주의 페미니즘(neoliberal feminism)”이라고 부른다. 로텐버그에 따르면 이 흐름을 선도하고 있는 것은 셰릴 샌드버그(Sheryl Sandberg), 앤마리 슬로터(Anne-Marie Slaughter)와 같은 성공한 중산층 여성 CEO들이다. 이들의 이야기를 담은 책 ≪여자에게는 야망이 필요하다(Everything is Negotiable)≫(2019), ≪린 인(Lean In)≫(2013) 등은 우리나라에도 번역 소개되어 꽤 큰 관심을 받았다.

로텐버그의 분석에 따르면 여성 리더 담론은 “일-가족 균형”(Rottenberg, 2018: 55)과 “행복”이라는 키워드를 핵심 범주로 삼고 있지만, 사실상 그것들은 계급적 차이를 신자유주의적으로 유지시키는 신자유주의적 통치술에 불과하다. 신자유주의 통치성의 핵심은 "모든 삶의 영역을 시장의 질서로 환원하고, 개인의 선택과 자유를 통해 스스로의 삶을 자기 주도적으로 이끌어 나가는 주체를 만들어 내는 데" 있다(엄혜진, 2015: 8-9). 여기서 시장 구조에서 뒤처질 수밖에 없는 여성들, 자본주의 시장 구조에서 착취되거나 수탈되는 여성들을 위한 젠더 정의는 실현될 수 없다. 가령 특권층 여성들이 거둔 성공의 배면에는 제3세계 저임금 여성의 가사노동이 존재한다.

그뿐 아니라 신자유주의 페미니즘은 스스로를 진보라고 생각하지만 사실상 각종 혐오주의에 동조한다. 유럽에서 망설임 없이 도전하라고 부추기는 기업의 지도자들, 남반구에서 구조 조정을 밀어붙이는 '페모크라트(femocrat)', 이슬람 여성 해방을 위해 전쟁을 불사해야 한다고 선동하는 미국 국방부 여성 관료들은 여성의 이름으로 남성들이 자행했던 착취와 폭력 그리고 혐오를 반복한다.

> 우리는 유리천장을 부수고, 그래서 대다수가 바닥에 쏟아진 유리 조각들을 치우게끔 만드는 일에 관심이 없다. 전망 좋은 사무실을 차지한 여성 CEO들에게 박수를 보내는 게 아

니라 CEO와 전망 좋은 사무실이란 것을 없애 버리길 원한다.(프레이저 외, 2020: 48)

이 서술에서 잘 나타나듯 프레이저는 신자유주의 페미니즘을 단호하게 거부하며, 오직 위계와 계급을 만들어 내는 분화의 틀 자체를 해체하는 변혁적 페미니즘만이 대다수 여성들을 위한 페미니즘의 비전을 제시할 수 있다고 생각한다.

반자본주의 페미니즘

프레이저는 신자유주의 페미니스트들과 달리 여성 위기의 근원이 전체 자본주의 사회의 위기에 있다고 본다.

우리가 겪고 있는 것은 전체 사회의 위기이며, 위기의 근원은 자본주의다.(프레이저 외, 2020: 64)

그러나 프레이저의 입장은 경제적 계급이 철폐되면 여성 해방도 이루어질 것이라고 본 마르크스주의 페미니스트들의 입장과도 다르다. 프레이저는 경제적 계급 외에도 문화적 분업이나 정치적 권력 불균등, 더 나아가 생태적 위계까지 고려하기 때문이다. 이런 맥락에서 프레이저는 다양한 모순들의 교차를 더욱 다층적으로 고려하는 사회주의 페미니스트다.

여기서 다시 한번 프레이저가 여성 위기의 근원으로 자본주의 경제가 아니라 자본주의 '사회'를 지목한다는 점에 주목해 보자. 프레이저가 말하는 자본주의 사회는 자본주의 경제뿐 아니라 그와 연관된 비경제적 영역 모두를 포괄한다. 비경제적 영역에는 사회적 재생산, 생태, 제국주의 정치 등이 포함된다. 프레이저가 보기에 여성의 위기는 자본주의 경제뿐 아니라 자본주의적 사회 재생산, 생태 파괴, 식민지 수탈 등 비경제적 영역과도 연관되어 있다. 프레이저는 경제뿐 아니라 사회적 재생산, 생태 재생산, 탈식민 정치 등을 함께 고민할 때 사회적 변혁이 이루어질 수 있으며, 이러한 변혁적 흐름을 통해서만 특정 계급의 여성뿐 아니라 대다수 여성의 해방이 모색될 수 있다고 본다. 즉 자본주의 경제와 관련된 계급뿐 아니라 재생산과 관련된 성별 분화, 인간/비인간 그리고 식민/피식민의 위계적 구분 등이 함께 사라질 때 여성들의 해방이 모색될 수 있다고 본다.

좀 더 자세히 살펴보자. 프레이저는 자본주의 사회에서 젠더 억압이 생산의 이윤을 위해 사회적 재생산이 이용된다는 데서 비롯한다고 본다. 즉 자본주의 사회는 "사회적 재생산 모순"(프레이저 외, 2020: 177)을 내포한다. 물론 사회적 재생산의 종속이 자본주의 사회에만 있던 것은 아니다. 하지만 프레이저는 자본주의가 사회적 재생산을 자본의 수익 창출과 밀접하게 관련지었다고 본다. 즉 자본주의 사회 체계가 자본의 최대 잉여를 창출하기 위해 여성에게 사회적 재생산과 관련된 역할을 배정하고 이를 생산에 종속시켰다고 주장한다. 산업자본주의 시대에 자본은 여성을 가정주부화함으로써, 탈산업자본주의 시대에는 맞벌이 부부라는 이념을 주조함으로써 잉여를 최대화하기 위한 재생산 양식을 창출했다. 여기서 우리는 자본주의가 자본가와 노동자로만 분화되는 것이 아니라 생산과 재생산, 나아가 남성과 여성을 위계적으로 이분화했음을 알 수 있다.

그뿐 아니라 자본주의하에서는 젠더 폭력도 자본과 깊은 관계를 맺는다. 여성은 저평가된 저임금 노동에만 배치되기 때문에 성매매로 몰릴 위험이 있다. 모든 것을 이익을 위한 도구로 여기는 사람들은 여성을 인신매매와 비동의 촬영물의 피해자로 만든다. 이윤을 보장하지 않는 섹슈얼리티는 단속의 대상이 된다. 노동자 재생산에 기여하지 못한다고 간주되는 퀴어나 트랜스젠더 등은 인정받지 못하며, 낙태 등 여성의 몸과 관련된 법안은 노동자 재생산의 문제와 관련해 임의적으로 조절된다.

또한 자본주의는 인종차별이나 식민주의적 폭력과도 긴밀하게 관련되어 왔다. 이를 프레이저는 "정치적 모순"(프레이저 외, 2020: 176)이라고 부른다. 안정되고 충분한 복지를 제공한 산업자본주의의 번영은 제국주의를 통해 이루어졌다. 즉 피식민지 국가의 원주민들을 싼 가격에 동원함으로써 제국주의 국가 시민들의 복지를 위한 기금이 만들어졌다. 역사적으로 자유주의 페미니스트나 급진주의 페미니스트들은 '여성'을 보편적 집단으로 사고해 왔기에 제국주의적 자본주의에 의해 착취되는 여성과 인종차별주의에는 충분히 관심을 기울이지 못했다.

아울러 자본주의는 생태 파괴를 일삼아 왔다. 이는 여성 억압을 재생산하고 악화시켰다. 이것이 바로 "생태적 모순"(프레이저 외, 2020: 176)이다. 프레이저에 따르면 기후 난민의 80퍼센트가 여성이며, 여성이 남반구 농촌 노동 인구의 압도적 다수를 차지하는 상황에서 과잉 개발과 오염 그리고 가뭄이 가난한 유색 인종 여성들의 삶을 파괴하기에 이르렀다. 핵무기로 인한 방사성 낙진으로 피해를 입은 여성들은 반핵 운동을 펼치고 있고, 미국의 여성들은 다코타 액세스 송유관 건설에 대항해 물 지킴이 투쟁을 벌이고 있으며, 페루의 환경 운동가 막시마 아쿠냐(Máxima Acuña)는 금광 채굴로 인한 환경 파괴에 대항하고 있다.

이러한 분석하에 자본주의 사회의 교차적 모순을 고려하는 프레이저는 여성 대부분을 해방할 페미니즘은 반자본주의 운동에 결집해야 한다고 주장한다.

99퍼센트의 페미니즘 정치

프레이저의 반자본주의 페미니즘과 사회주의 페미니즘은 경제 부문과 비경제 부문의 교차성을 고려하면서 다음과 같은 특징을 갖는다.

우선 프레이저의 페미니즘은 특권층 여성들의 해방이 여성 대부분의 해방이 아닐 수 있음에 주목한다. 경쟁에서 이길 수 있는 엘리트 여성이나 제국주의 국가의 여성이 그들이 점하는 비경제적 부문에서의 위치로 인해 다른 여성들의 해방을 저해할 수 있음을 고려한다. 프레이저의 페미니즘은 제1세계 중산층 여성들을 위해 이주, 퀴어, 트랜스, 장애 여성의 안녕이 제물로 희생되지 말아야 한다는 것을 분명히 인식한다.

더 나아가 프레이저의 페미니즘은 "스스로를 '여성의 쟁점'에 한정 짓지 않는다". 프레이저의 페미니즘은 "혹사되고 지배당하며 억압받는 모두를 위해" 연대한다는 점에서 "99퍼센트의 페미니즘"(프레이저 외, 2020: 55)이다. 프레이저의 반자본주의 페미니즘은 식민주의와 기후 위기에 희생당하는 제3세계 여성, 농민 여성, 이주 여성뿐 아니라 자본주의 노동자를 재생산할 능력이 없다는 이유로 국가적으로 섹슈얼리티를 배제당하는 장애 여성 그리고 퀴어와 연대한다. 아울러 그러한 여성들의 문제가 인종적으로, 생태적으로, 계급적으로, 성적으로 차별받는 모든 소수자 집단의 문제를 함께 풀 때 해결될 수 있다고 생각한다. 따라서 99퍼센트의 페미니즘은 여성만을 또는 여성 이슈만을 운동의 주체로 한정 짓지 않는다. 프레이저의 페미니즘은 물화된 정체성에 기반한 분리주의 운동과는 거리가 멀다.

결국 프레이저의 99퍼센트 페미니즘 선언은 집단 분화를 해체하는 방식으로 작동하는 변혁적 운동이다. 프레이저의 페미니즘은 그가 정의론에서 제안한 변혁적 개선책을 골자로 한다. 경제적 계급, 식민지 계급, 성 계급, 나아가 인간/비인간의 위계적 구분을 철폐하는 것이 이 페미니즘의 궁극적 목적이다.

참고문헌

낸시 프레이저·친지아 아루짜·티티 바타차리야 지음, 박지니 옮김(2020). ≪99% 페미니즘 선언≫. 움직씨.

더 케어 컬렉티브 지음, 정소영 옮김(2021). ≪돌봄 선언: 상호의존의 정치학≫. 니케북스.

엄혜진(2015). ≪신자유주의 시대 한국의 자기계발 담론에 나타난 여성 주체성과 젠더 관계: 1990년대 이후 베스트셀러 여성 자기계발서 분석을 중심으로≫. 서울대학교 대학원 여성학협동과정 박사 학위 논문.

이현재(2019). "신자유주의 시대 젠더정의와 '유리천장 깨뜨리기': 변혁적 논의를 위한 비판 페미니즘의 제안". ≪젠더와 문화≫, 12(2), 43-73쪽.

Fraser, N.(2013). *Fortunes of Feminism: From State-Managed Capitalism to Neoliberal Crisis*. London: Verso. 임옥희 옮김(2017). ≪전진하는 페미니즘: 여성주의 상상력, 반란과 반전의 역사≫. 돌베개.

Fraser, N.(2019). *The Old Is Dying and the New Cannot Be Born*. Verso Books. 김성준 옮김(2021). ≪낡은 것은 가고 새것은 아직 오지 않은: 신자유주의 헤게모니의 위기 그리고 새로운 전망≫. 책세상.

Rottenberg, C.(2018). *The Rise of Neoliberal Feminism*. Oxford: Oxford University Press.

낸시 프레이저(Nancy Fraser, 1947~)

여성철학자이자 비판이론가. 뉴욕 뉴스쿨(The New School for Social Research in New York)에서 정치철학을 가르치고 있다. 1980년에 뉴욕시립대학교 철학과에서 박사 학위를 받았다. 초기에는 위르겐 하버마스의 의사소통 이론과 미셸 푸코의 계보학에 토대를 둔 비판이론을 전개했다. 이후 악셀 호네트와 논쟁하면서 인정뿐 아니라 분배, 나아가 정치적 대표 문제까지 함께 고려하는 비판적 정의론으로 나아간다. 여성철학자로서 특히 자본주의의 위기, 재생산과 돌봄에 관한 논의에 관심을 둔다. 비판이론 형성의 궤적과 논쟁을 둘러보기에 좋은 저서로는 ≪불평등과 모욕을 넘어: 낸시 프레이저의 비판적 정의론과 논쟁들(Adding Insult to Injury: Nancy Fraser Debates Her Critics)≫이 있으며, 최근에 번역된 ≪좌파의 길(Cannibal Capitalism)≫에서는 자본주의 사회의 돌봄 위기에 대한 분석과 전망을 살펴볼 수 있다.

이현재

서울시립대학교 인문학연구소 교수다. 사회철학과 여성철학을 전공했다. 2004년 독일 프랑크푸르트 괴테대학교에서 인정이론을 여성주의의 관점과 접목한 논문 ≪여성주의적 정체성 개념(Identitätsbegriffe aus Feministischer Perspektive)≫(여이연, 2007)으로 박사 학위를 받았다. 2008년부터 '도시인문학'이라는 융합 학문 분야를 구축하는 작업에 집중해 왔다. 도시성을 기반으로 친밀 관계와 감정 양식이 어떻게 변화하고 있는지 연구하는 데 몰두했다. 2016년부터는 국내에 새롭게 등장한 온라인 기반 페미니즘에 관심을 기울이는 가운데 ≪여성혐오, 그 후: 우리가 만난 비체들≫(들녘, 2016)을 출간했다. 최근에는 포스트휴먼, 돌봄, 신유물론, 성차 등에 관심을 갖고 연구를 심화하고 있다. 공역서로는 악셀 호네트의 ≪인정투쟁≫(사월의책, 2011)과 낸시 프레이저의 ≪모욕과 불평등을 넘어≫(그린비, 2016) 그리고 로지 브라이도티의 ≪포스트휴먼 페미니즘≫(아카넷, 2024) 등이 있다.